우당 이회영
한번의 죽음으로
천 년을 살다

우당 이회영

한번의
죽음으로
천 년을
살다

김태빈 · 전희경 지음

"

오성 이항복의 10대손이 바로 이회영 선생입니다.
이회영 선생 집안은 이항복 선생 이후
6명의 정승과 2명의 대제학을 낸 명문가 중의 명문가입니다.
과거에만 그런 것이 아니었습니다.
아버지 이유승은 한성판윤과 이조판서 등을 지냈고,
을사늑약이 체결되자 조약의 부당성을 들어
국권 회복을 주장한 애국지사였습니다.

"

가계도

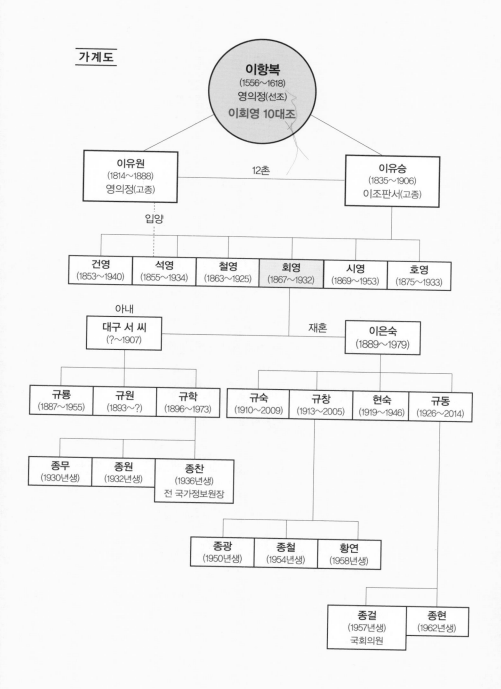

이항복
(1556~1618)
영의정(선조)
이회영 10대조

이유원
(1814~1888)
영의정(고종)

12촌

이유승
(1835~1906)
이조판서(고종)

입양

건영
(1853~1940)

석영
(1855~1934)

철영
(1863~1925)

회영
(1867~1932)

시영
(1869~1953)

호영
(1875~1933)

아내

대구 서 씨
(?~1907)

재혼

이은숙
(1889~1979)

규룡
(1887~1955)

규원
(1893~?)

규학
(1896~1973)

규숙
(1910~2009)

규창
(1913~2005)

현숙
(1919~1946)

규동
(1926~2014)

종무
(1930년생)

종원
(1932년생)

종찬
(1936년생)
전 국가정보원장

종광
(1950년생)

종철
(1954년생)

황연
(1958년생)

종걸
(1957년생)
국회의원

종현
(1962년생)

우리는 어떤 자세로
새로운 100년을
준비해야 할까요?

김태빈, 전희경 두 저자께서 보내 주신 편집본을 읽으면서 제가 2010년에 발표한 『다시 그 경계에 서다』를 쓸 때가 떠올랐습니다. 그 책은 제가 조부인 우당 이회영과 그 동지들이 활동했던 중국의 독립운동 장소들을 탐방하면서 쓴 기행문입니다. 그런데 저자들도 직면하셨겠지만, 우당의 자취를 따라가는 일은 어려움이 있습니다.

우당은 독립운동을 하면서 일제 관헌과 밀정들의 추적을 피하기 위해 자신의 자취를 철저히 지우려고 했습니다. 말도 줄이고, 흔적도 남기지 않고, 행동도 드러나지 않으려고 노력하였습니다. 그래서 우당을 따라가는 길은 침묵과 단문短文 행간의 의미를 읽는 것이고 지워 버린 흔적을 살려 나가는 것이며 막연한 증언에 대해 전후 사정을 분석해 가면서 구체적으로 내용을 복원해 가는 것입니다. 두 분은 예리한 관찰력과 꼼꼼한 준비로 이런 어려움을 극복하면서 책을 꾸몄습니다.

예를 들어 보겠습니다. 제가 우당의 거처를 답사하면서 정확한 위치를 몰라 답답하게 느꼈던 점을 저자는 이렇게 예리하게 분석합니다.

"가난한 이들은 주소가 길고 많기 마련입니다. 애초 집터가 아닌 곳에 터전을 마련해야 하고, 자주 이사하기 때문입니다. 베이징의 이회영 선생 거처 또한 여러 곳입니다. 그런데 현재 골목 이름으로만 남은 선생의 거주지를 찾다 보면 이상한 점을 발견하게 됩니다. 그리 넓지 않은 구역 내에서 여러 번 이사한 것입니다. 즉 특별히 더 나은 주거지로 이주한 게 아니라는 말입니다. 이유가 뭘까요? 가난한 동네에서도 한곳에 정착하지 못할 만큼 가난했기 때문입니다."

또한, 중국 용정시의 서전서숙 유적지는 그동안 많은 사람들이 찾았지만 출입이 금지되어 있어서 현장 사진을 제대로 담을 수 없었습니다. 그런데 저자는 고성능 망원렌즈를 준비해서 용정실험소학교 내에 있는 표지석을 제대로 찍었습니다. 답사 여행 전문가다운 꼼꼼함이 돋보입니다.

이 책 장점의 하나는 교양서와 실용서를 겸한다는 것입니다. 본서는 우당을 중심으로 구한말에서 1930년대 항일운동의 역사가 오롯하게 설명되어 있는 교양서입니다. 또한 전문 사진작가의 작품 수준인 귀중한 사진 자료로, 독자들이 역사의 현장을 직접 찾아다니면서 생생하게 느낄 수 있도록 잘 구성된 실용적인 답사 가이드북이라 할 수 있습니다.

내년은 3.1운동 및 대한민국임시정부 수립 100주년을 맞이하는 역사적 변곡의 시간입니다. 우리는 지난 100년간 독립운동, 산업화, 민주화, 정보화 시대를 숨 가쁘게 걸어왔습니다. 그러면 앞으로의 100년, 우리나라는 어디로 가야 할까요? 우리는 어떤 자세로 새로운 100년을 준비해야 할까요? 저는 이 질문에 대한 대답을 위해서도 독자들께 이 책을 권하고 싶습니다.

2018년 12월 6일

이종걸

한번의 젊음을
어찌할 것인가

언제 우당 이회영 선생을 알았던가, 분명한 건 학생 때는 아니라는 사실입니다. 잊을 수 없는 독립운동가에 대한 관심으로 어른이 돼서야 읽은 책을 통해서였을 겁니다. 선생의 삶을 접하고 보니 책 몇 권으로 우당의 사상과 실천을 이해했다고 눙칠 순 없더군요. 그래서 뒤늦게 선생을 알게 된 송구함으로 답사를 시작했습니다.

베이징에서 교사로 근무하던 시절, 자금성 인근에 있다는 선생의 거처를 찾았던 게 첫 답사였습니다. '후고루원호동后鼓樓苑胡同'이라는 골목 이름을 착각해 구러우鼓樓 뒷골목을 헤맸더랬습니다. 한참 후 구러우 앞쪽에서 골목 표지판을 찾았을 땐 속았다는 생각보다 안도의 마음이 더 컸습니다.

그러나 안도감은 곧 안타까움으로 변했습니다. 골목 안 어떤 집이 선생의 베이징 시절 거처였는지 확인할 수 없었기 때문입니다.

그래서 이후 학생들과의 답사 때는 선생의 삶에 대한 이야기로 헛헛함을 채웠고, 골목 초입에는 한국의 독립운동가 이회영 선생 거처가 있던 곳이라는 표지판도 붙였습니다. 그렇게라도 아쉬움을 덜어야 했습니다.

답사가 잦아질수록 부끄러움은 되레 커지기만 했습니다. 그래서 선생의 베이징과 톈진 거처, 상하이 황푸강과 다롄 수상경찰서, 그리고 순국하신 뤼순감옥을 연이어 찾았습니다. 서간도 추가가와 합니하, 그리고 고산자 신흥무관학교터는 한참 후에야 다녀올 수 있었습니다. 선양고궁 답삿길에 우연히 동삼성 총독부를 발견한 건 선생이 제게 주신 선물이라고 생각했습니다.

보물찾기는 한국에서 시작되었습니다. 망명 직전까지 이회영 선생이 구국 활동을 했던 서울에는 적잖은 유적이 남아 있기 때문입니다. 사라진 곳은 일러스트로 되살렸고, 보이지 않는 곳은 몇 번이고 산에 오르길 마다하지 않았습니다. 이를 엮어 선생의 삶만큼이나 아름다운 3개의 이회영 답사 코스를 만드는 데 공저자 전희경 선생이 크게 수고했습니다. 많은 분들과 이 길을 함께 걷고 싶습니다.

가당치 않으나 이 책으로 선생께 진 빚을 조금이라도 갚을 수 있기를 바랍니다. 문학 선생인 제가 독립운동 역사를 공부하면서 가장 큰 빚을 진 분이자, 우리 독립운동사가 그 자체로 얼마나 큰 감동인지를 제게 알려준 분이 이회영 선생이기 때문입니다.

이회영 선생 답사에는 학생들과 늘 함께했습니다. 그래서 이 책도 독자들과 답사하는 마음으로 썼습니다. 이회영 선생이 걸었던 길을 뒤따른다고 해서 우리의 삶이 선생의 삶에 겹쳐지는 건 아니겠지요. 하지만 선생의 시구를 늘 품고 살아간다면 이회영 선생의 과거는 우리의 미래가 될 수 있음을, 믿습니다.

한번의
젊음을
어찌할
것인가

부족한 글에 과분한 추천사를 써주신 이회영 선생의 손자 이종걸 의원님과 우당이회영선생기념사업회 황원섭 이사님, 박시백 화백님께 감사드립니다. 특히 오래 이회영 선생 답사에 동행하고 함께 책을 쓴 전희경 선생님에게도 고마움을 전합니다. 오래전부터 아빠의 독립운동사 이야기를 들어준 첫 번째 독자, 아들 인우에게 사랑의 마음을 전합니다.

2018년 11월 17일
이회영 선생 순국일에
김태빈

이회영 선생은
흔적을 남기지 않았다

김태빈 선생님의 세 번째 책,『그들을 생각하면 눈물이 난다』는 일제강점기 중국에서 활동했던 애국지사들 중 몇 분의 발자취를 찾아 뚜벅뚜벅 걸으며 몸으로 쓴 책입니다. 여러 번 중국과 국내 답사에 동행하면서 '학생들을 위한 답사 책'을 쓰자는 제안을 받았을 때, 이회영 선생은 가장 마음 가는 분이었습니다. 왜 이회영 선생이냐고 묻는 벗들에게는 선생이 자신의 삶을 표현할 때 자주 인용했던 맹자의 말씀으로 답을 대신했습니다.

"삶 또한 내가 원하는 바이며 의 또한 내가 원하는 바이지만 이 둘을 함께 얻을 수 없다면 삶을 버리고 의를 취할지라."

우당 이회영. 그는 어떤 분이며 어떻게 이런 선택을 할 수 있었는지 제대로 알고, 또 알리고 싶었습니다. 우선 관련된 책들을 읽기 시작했습니다. 자료를 읽다 보니 놀랍고 궁금한 점들이 많았습니다. 신민회 설립, 헤이그 특사 파견, 신흥무관학교 설립 등 역사의 굵직 굵직한 사건들에 깊이 관여하셨지만 잘 알려지지 않은 이유는 뭘 까? 아들 이규창 선생이 남긴 자서전 『운명의 여신』에서 그 이유를 짐작할 수 있었습니다.

> '부친께서는 성격이 주도면밀하시어 매사에 사려가 깊으시며 험
> 악한 정세이므로 언제 왜놈들이 쳐들어와도 문제가 될 만한 문
> 서는 그 즉시 소각하고 좀 중요한 문서는 담뱃재떨이 밑에 풀로
> 붙여 두니 제아무리 왜놈이라 하여도 담뱃재떨이 밑바닥까지는
> 보지 않았다.'

이회영 선생은 흔적을 남기지 않았기에 우리에게 이리도 낯설 었던 것이지요. 그나마 정보를 얻을 수 있는 곳은 선생과 형제들을 기념하는 우당기념관이었습니다. 여러 번 찾아가 자료를 살피고 이 야기를 들었습니다. 몰랐던 사실과 장소들을 알게 되면서 부지런히 자취를 찾아다니기 시작했고 인왕산 자락 아래 필운대, 권율 장군 집터, 서대문형무소역사관 등 장소들이 이회영 선생을 고리로 이어 지기 시작했습니다.

발 도장을 찍는 것보다 주위를 둘러보며 함께 걸을 수 있는 코

스를 소개하고자 여러 갈래 길을 두루 다녔습니다. 지도 앱과 달리 길이 없거나 헷갈리는 길도 많았습니다. 발로, 손으로, 머릿속으로 지도를 그려가며 미심쩍은 길은 다시 찾아가 확인하고 자세한 설명을 덧붙였습니다. 그렇게 3개의 코스가 만들어졌습니다.

'본래 땅 위에는 길이 없었다. 걷는 이가 많으면 그곳이 길이 된다.'라는 말은 중국의 대문호 루쉰의 소설 「고향」에 나오는 구절입니다. 이회영 선생을 찾아 걷는 이가 많아지면, 또 다른 길이 만들어지겠지요.

함께 답사했던 한성여고 학생들에게 고마운 마음을 전합니다. 웃고 재잘거리고 감탄하고 때로는 숙연해하던 모습이 떠오릅니다. 이회영 선생을 소개하고, 답사에 동행하고, 사진을 찍고, 부족한 원고를 정성껏 다듬어 주는 일까지 흔쾌히 해주신 김태빈 선생님께 존경과 감사의 마음 전합니다. 끝으로 좌절할 때마다 용기를 주고 답사 장소마다 발걸음을 같이 해준 소중한 남편 박용일 님께 존경과 사랑의 마음 전합니다.

2018년 11월 17일
이회영 선생 추모식 날에
전희경

차례

1부 한번의 젊음을 어찌할 것인가

2부 그는 흔적을 남기지 않았다

한번의 젊음을
어찌할 것인가

인간으로 세상에 태어나 누구나 자기가 바라는 목적이 있다. 이
목적을 달성한다면 그보다 더한 행복은 없을 것이다. 그러나 그
목적을 달성하지 못하였다 하더라도 그 목적의 달성을 위하여
노력하다 그 자리에서 죽는다면 이 또한 행복인 것이다.

이항복이
이회영의 할아버지라고!

푸른 바위가 흰 구름에 깊이 잠겼다

'오성과 한음' 이야기는 한 번쯤 들어보았을 겁니다. 교과서에도 일부 내용이 소개돼 있지요. 오성鰲城은 이항복, 한음漢陰은 이덕형 선생의 호로, 두 분 모두 임진왜란 당시 나라를 구하기 위해 애쓴 분들입니다. 그런데 우리에게 두 분은 짓궂으면서도 재치 있는 일화를 남긴, 우정이 남다른 친구로 더 잘 알려져 있습니다. 이런 이야기입니다.

서당에서 두 사람이 공부를 하는데 스승이 졸았습니다. 개구쟁이 두 친구는 "불이야!" 하고 소리쳐 스승을 깨웠습니다. 무안해진 스승은 잔 게 아니라 꿈속에서 공자님을 만나고 왔다고 둘러댑니다. 이번에는 두 소년이 졸기 시작합니다. 스승이 꾸짖자 두 소년은 자신들도 공자님을 뵙고 왔다고 대꾸합니다. 그러자 스승이 "공자님이 뭐라고 하시더냐?" 물었고, 두 소년은 이렇게 답합니다. "공자

© 강진 구곡사

| 오성 이항복과 한음 이덕형 |

님은 스승님을 뵌 적이 없다고 하시던데요."

오성 이항복의 10대손이 바로 이회영 선생입니다. 이회영 선생 집안은 이항복 선생 이후 6명의 정승과 2명의 대제학을 낸 명문가 중의 명문가입니다. 과거에만 그런 것이 아니었습니다. 아버지 이유승은 한성판윤과 이조판서 등을 지냈고, 을사늑약이 체결되자 조약의 부당성을 들어 국권 회복을 주장한 애국지사였습니다.

이항복 선생 집터로 알려진 곳이 필운대입니다. '필운弼雲'은 이항복 선생의 다른 호이지요. 경복궁 옆 서촌의 인왕산 자락에 자리 잡은 배화여고 뒤편이 바로 필운대입니다. 이회영 선생 집안 어른이자 당시 영의정이던 이유원은 이곳을 찾아 '우리 할아버지 살던 옛집에 후손이 찾아왔더니, 푸른 바위가 흰 구름에 깊이 잠겼다.'는

| 필운대 | 弼雲臺필운대 각자는 이유원의 『임하필기』에 이항복 선생의 글씨로 전한다.

시를 새기고, '白沙先生백사선생 弼雲臺필운대'라고 마무리했습니다. '백사白沙'는 이항복 선생의 또 다른 호입니다.

　그런데 이곳은 원래 임진왜란 당시 행주대첩을 승리로 이끈 권율 장군의 집터였습니다. 그리고 당대에 봄꽃 핀 한양을 감상하기 위해 많은 이들이 찾는 명소이기도 했습니다. 그런데 어떻게 이항복 선생이 이곳에 집을 짓고 살았을까요? 이항복 선생이 권율 장군의 사위였기 때문입니다. 이와 관련해서도 재미있는 이야기가 전합니다.

| **필운상화**弼雲賞花 | 선비들이 꽃놀이를 즐기고 있다. 가까이 남산, 멀리 관악산이 보이며 숭례문은 건재하지만 경복궁은 빈터로 그려졌다. ❶ 남산 ❷ 관악산 ❸ 숭례문 ❹ 경복궁터

    이항복의 집 감나무가 담을 넘어 권율 장군의 아버지인 영의정 권철의 집으로 가지를 드리웠습니다. 거기 달린 감을 권철 대감 하인들이 따먹자 소년 이항복은 항의를 합니다. 하지만 하인들은 오히려 감이 자신들 것이라고 우기며 큰소리를 쳤지요. 어느 날 이항복은 권철 대감 방문에 주먹을 찔러 넣고 묻습니다.

"대감, 이 주먹이 누구 주먹입니까?"

"네 주먹이지 누구 주먹이겠느냐."

그러자 이항복은 하인들이 감을 가로챈 일을 항의하고 사과를 받아냅니다. 이항복의 영특함을 눈여겨본 권철 대감은 아들 권율에게 그를 장차 사위로 삼으라고 했다는 것입니다.

대범함과 지혜는 물려받는 것일까요? 이회영 선생이 고종 황제로부터 '참으로 어진 재상이었던 이항복의 자손이라 할 만하다.'고 칭찬받은 일이 있었습니다. 이회영 선생은 청년 시절부터 기울어가는 나라를 지키기 위해 동지들과 여러 활동을 계획했는데, 이를 실행할 자금을 마련하고자 인삼을 재배합니다. 하지만 인삼은 기르기가 매우 까다롭고, 수확까지 6년이라는 긴 시간이 걸립니다.

그러나 이회영 선생에겐 유리한 점이 있었습니다. 예로부터 한반도에서 생산된 인삼은 '고려 인삼'이라는 명품으로 불렸습니다. 그중에서도 개성 인삼이 가장 유명했고 비쌌습니다. 마침 개성은 이회영 선생 큰집과 선산이 있는 곳이었지요. 그래서 이회영 선생은 이곳 농민들을 독려해 인삼을 재배한 것입니다.

그런데 인삼을 수확하기 며칠 전 문제가 생깁니다. 누군가 인삼을 모두 훔쳐간 것입니다. 이를 신고하자 개성경찰서 경찰관은 오히려 이회영 선생을 의심합니다. 이미 수확을 해놓고 도둑을 맞았다고 신고한 것 아니냐며 억지를 부린 것이지요. 이를 수상히 여긴 이회영 선생은 은밀히 정황을 조사합니다.

그 결과 개성경찰서의 일본인 고문이 인삼을 훔친 사실이 드러납니다. 그가 진실이 밝혀질까 두려워 부하 경찰관을 통해 이회영 선생에게 누명을 씌우려던 것입니다. 이회영 선생은 호통을 쳐 그들을 꾸짖고 재판을 해 승소합니다. 이 사건이 〈대한매일신보〉에 실렸고, 소식을 전해 들은 고종 황제가 이회영 선생을 크게 칭찬했던 것입니다.

명동1가 1번지와 상동

그럼 이회영 선생은 어디 살았을까요? '명동1가 1번지'입니다. 한국인과 외국인이 섞여 걷기조차 힘든 번잡한 명동거리와는 조금 떨어져 있습니다. 서울 YWCA 주차장 앞 작은 공원에 이회영 선생 집터 표지석이 위치합니다. '신흥무관학교를 세워 독립군 지도자를 양성'하다 '고문으로 순국'한 이회영 선생의 흉상과 함께 말입니다. 최근 선생의 집터 인근 도로도 다시 '우당 이회영길'로 명명됐습니다. 당연하고 다행한 일입니다.

지금도 그렇지만 당시에도 명동은 우리나라에서 가장 땅값이 비싼 동네였습니다. 그런 명동에 큰 집터가 있었으니 선생 집안의 재산이 적지 않았겠습니다. 아버지 이유승은 권세가 대단했을 뿐만 아니라 재산도 상당했습니다. 그래서 이를 물려받은 이건영, 이회영, 이시영, 이호영 네 명의 명동 집터만을 따져 보아도 현재 가치로

| 명동 이회영 6형제 집터 |

천억 원이 훌쩍 넘는답니다.

　이회영 형제의 재산 중 가장 큰 몫은 집안 어른 이유원의 양자로 간 둘째 이석영의 재산이었습니다. 그의 재산은 약 8만 석으로 추정됩니다. 경제의 중심이 농업인 당시에는 가을에 추수한 곡식 가마니 수로 재산의 많고 적음을 가늠했습니다. '만석꾼'은 당대 최고 부자의 대명사였습니다.

　그런데 이유원의 재산은 그리 자랑할 만한 게 아니었습니다. 훗날 망국의 한을 자신의 죽음으로 씻겠다며 자결한 황현 선생은 이렇게 비판했습니다. 이유원의 별장이 있는 양주에서 서울까지 거리가 80리인데, 서울에 나올 때까지 남의 땅을 한 뼘도 밟지 않고 왔

| 우당 이회영길 | 이회영 선생 탄생 150주년이던 2017년, 서울특별시 중구청이 명예 도로로 '우당 이회영길'을 지정했다.

으니, 그가 다른 사람 땅 빼앗는 것이 이러했다고. 하지만 이를 물려받은 이석영은 당대 권력자이자 갑부였던 양아버지의 깨끗하지 못한 재산을 가치 있게 썼습니다. 신흥무관학교 운영자금으로 기꺼이 전 재산을 내놓았던 것입니다.

이회영 선생은 전통적인 명문가 출신이지만 당대의 다른 사대부와는 생각이 달랐습니다. 일찍부터 서구 사상에 관심이 많아 가까운 벗들과 신학문 공부에 힘썼습니다. 하지만 새로운 사상을 머리로만 받아들인 건 아닙니다. 집안 노비들을 풀어주고, 신분 질서가 엄격하던 당시에 아랫사람에게도 존댓말을 썼습니다.

특히 선생은 옛날부터 전해 내려온 것이라도 잘못된 생각이면 받아들이지 않았습니다. 그 대표적인 사례가 여동생의 재가再嫁입니다. 이회영 선생은 위로 세 분의 형님과 밑으로 두 명의 남동생, 그리고 네 명의 여동생이 있었습니다. 그런데 한 여동생이 남편을 일찍 잃어 혼자가 되었습니다. 그 시대에는 사대부 집안의 과부는 재혼할 수 없다는 암묵적이지만 엄격한 악습이 남아 있었던 때라 여동생은 평생 홀로 살아가야 했습니다.

이때 이회영 선생이 한 가지 꾀를 냅니다. 우선 여동생을 자신의 집으로 오게 하고 며칠 후 여동생이 죽었다는 소문을 퍼트립니다. 여동생의 시댁에는 자신이 직접 거짓 소식을 전했지요. 그리고 비밀리에 여동생을 다시 결혼시킵니다. 이때 여동생과 결혼한 이는 언론인이자 독립운동가인 신재희로, 훗날 대한민국 대통령 후보로 나온 신익희 선생의 형입니다.

이회영 선생은 자신의 두 번째 결혼식도 남다르게 올렸습니다. 양반으로서 조선 최초로 신식 결혼식을 치른 것입니다. 선생은 열여덟 살 때 대구 서 씨와 결혼했는데 그 부인은 아들 둘과 딸 하나를 남기고 병으로 죽었습니다. 중매로 만난 두 번째 부인 이은숙 여사를 설득해 당시 '상놈의 교회'라고 불리던 상동교회에서 신식 결혼식을 올렸던 것입니다.

당시 서울에는 감리교 재단의 대표적인 교회로 정동교회와 상동교회가 있었습니다. 정동교회에 양반 신자가 많았던 반면 상동교

| **상동교회** | 1901년 5월 새 성전을 봉헌한 후의 상동교회 모습이다.

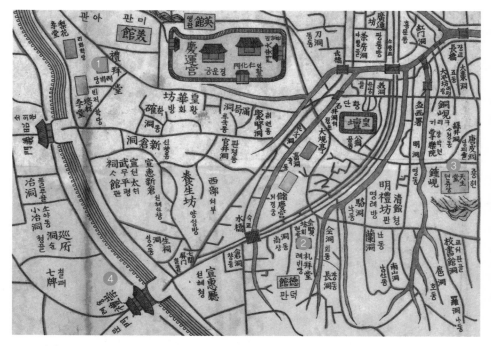

| 한성부지도 | 1901년 미국인 측량사 크럼이 한국인과 함께 제작한 지도로 캐나다 선교사 게일에 의해 소개된 후 광범위하게 사용되었다. 위 부분은 지금의 서울특별시 중구 정동, 명동, 소공동 일대다.
❶ 정동교회 ❷ 상동교회 ❸ 명동성당 ❹ 숭례문

회에는 중인 이하의 신도가 대부분이었습니다. 그런데도 선생은 상동교회에서 식을 올린 것입니다. 평소 신분제를 거부하고 모든 사람은 평등하다는 신념을 갖고 있던 선생의 실천을 확인할 수 있는 장면입니다.

더 놀라운 건 주례를 자신보다 여덟 살이나 어린 상동교회 전덕기 목사에게 부탁한 일입니다. 기독교의 평등사상에 호감을 갖고 있던 이회영 선생은 가난한 집안 출신으로 어려운 사람을 성심으로 보살폈던 전덕기 목사를 전적으로 신뢰했다고 합니다. 신분제가 철폐된 지금도 쉽지 않은 일을 100여 년 전 이회영 선생은 말이 아닌 몸으로 보여 준 것입니다.

누가 헤이그 특사를
주도했을까?

황제의 도서관, 망국의 현장이 되다

덕수궁은 조선의 다른 궁궐과 달리 근대 건축물이 몇 채 남아 있습니다. 그중에서 가장 오래된 건물은 어딜까요? 대한제국 황궁의 정전이었다가 현재는 대한제국역사관으로 쓰이고 있는 석조전일까요? 아니면 옛 이왕가미술관, 지금의 국립현대미술관 덕수궁관일까요? 1899년 준공된 수옥헌漱玉軒, 지금의 중명전重明殿이 궁궐 내 가장 오래된 근대 건축물입니다. 그런데 이곳은 덕수궁에서 조금 외떨어진 곳에 있습니다.

처음에 서양식 1층 건물로 지어진 중명전은 1901년 화재 후 정면과 양쪽 측면에 회랑이 있는 2층 건물로 재건되었습니다. 최초의 용도는 황실도서관이었지만 1904년 경운궁, 현재의 덕수궁에 큰 화재가 난 뒤 고종 황제의 거처로 사용됩니다. 그러면서 우리 역사에 큰 아픔을 안기고 또 이를 극복하려는 용기를 보여 준 사건의 현장

| **덕수궁 전경** | 서울특별시 서소문청사 1동 13층, 정동전망대에 오르면 덕수궁과 정동 일대 그리고 인왕산이 모두 조망된다. 덕수궁과 떨어져 있는 중명전의 모습도 쉽게 발견할 수 있다. ❶ 덕수궁 중화전 ❷ 석조전 ❸ 국립현대미술관 덕수궁관 ❹ 중명전

이 되기도 했습니다.

세계사에서 1905년은 아인슈타인과 프로이트의 논문이 동시에 발표되며 '기적의 해'로 불리지만 우리 역사에서는 '치욕의 해'로 기억됩니다. 을사늑약이 체결되었기 때문이지요. 여기서 '을사乙巳'는 1905년을, '늑약勒約'은 강제로 맺어진 조약을 뜻합니다. 일제가 군대를 동원해 대한제국 신하를 위협하고 황제의 승인 없이 맺은 조약이 을사늑약입니다.

| **중명전** | 1905년 촬영된 사진 속 중명전은 1층 현관과 2층 베란다가 함께 돌출된 포치|porch 형식이었다. 원형에 대한 논란이 없진 않지만 2010년 복원으로 중명전은 상당 부분 옛 모습을 되찾았다.

이 조약으로 대한제국은 외교권을 박탈당하고 일본 정부가 파견한 통감의 지배를 받는 '보호국'이 됩니다. 우리말에 '날씨나 분위기가 몹시 스산하고 쓸쓸하다.'는 뜻의 '을씨년스럽다'라는 형용사가 있습니다. 이 말의 어간은 '을사년→을시년→을씨년'의 변화를 거쳐 지금의 형태로 정착되었는데요. 당시 우리 조상들이 이 사건을 어떻게 이해했는지 충분히 짐작할 수 있습니다. 그래서 이 조약을 공식 명칭인 '한일협상조약'보다 '을사늑약'으로 부르는 것입니다.

그럼 누가 이 조약을 강제했을까요? 1909년 하얼빈에서 안중근

| 이토 히로부미 밀랍 인형 | 중명전 2전시실은 '을사늑약의 현장'이라는 부제가 붙어 있다. 정면 가운데가 을사늑약에 이름을 올린 하야시 곤스케이고 그 왼쪽은 이완용이다.

의사가 처단한 이토 히로부미입니다. 그는 을사늑약 체결을 주도하면서 조선 침략의 맨 첫머리에 섭니다. 이후 조선의 초대 통감으로 부임한 그는 대한제국을 일본의 식민지로 삼는 작업을 착착 진행해 나갑니다.

이회영, 을사늑약을 저지하고 반대하다

그런데 일제의 야욕을 꿰뚫어 보고 이를 저지하기 위해 애쓴 애국지사가 있었습니다. 당시 의정부 참찬이던 이상설 선생을 통해 참정대신 한규설이 조약 체결에 반대하게 하고, 외부 교섭국장이던 이시영 선생을 통해 외부대신 박제순을 압박했던 사람, 이회영 선생입니다. 이상설은 둘도 없는 벗이자 동지고, 이시영은 친동생입니다.

그러나 애쓴 보람도 없이 을사5적에 의해 조약은 체결되고 맙니다. 그렇다고 선생을 비롯한 동지들이 절망하고 한탄만 하고 있었던 건 아닙니다. 다시 조약 무효 투쟁에 나선 것입니다. 특히 이시영 선생은 덕수궁 대한문 앞에서 성명서를 뿌리며 조약 체결의 부당성을 알렸습니다. 이번 일은 조선 백성의 안일함에 그 근본 원인이 있으니 남을 탓하기 앞서 우리 자신을 반성하자는 게 주장의 핵심이었습니다. 그리고 고종 황제가 조약 체결을 허락하지 않았으므로 이 조약은 무효임도 분명히 밝혔습니다.

종로에서도 대규모 조약 체결 반대 시위가 열립니다. 이곳에서 이상설 선생은 조약 체결의 부당함을 소리쳐 외치다 바닥에 머리를 찧습니다. 피투성이가 된 그는 실신해 쓰러집니다. 이 장면을 목격하고 기록으로 남긴 또 한 명의 애국지사가 있었습니다. 김구 선생입니다. 우리가 잘 알고 있는 『백범일지』에 이 장면이 생생히 묘사돼 있습니다.

몇몇 동지들과 같이 민영환 댁에 가서 조문을 마치고 큰길로 나올 때였다. 마흔 살쯤 되어 보이는 어떤 사람이, 흰 명주 저고리에 갓망건도 없이 맨상투 바람으로 옷에 핏자국이 얼룩덜룩한 채 여러 사람의 호위를 받으며 인력거에 실려 가면서 큰 소리로 울부짖었다. 누구냐고 묻자 참찬 이상설인데 자살 미수에 그쳤다고 한다.

이회영, 헤이그 특사를 기획하다

이회영 선생은 냉정하게 다음을 준비합니다. 을사늑약이 체결되었으니 국내에서의 구국 활동에 제약이 많아질 것이고, 단기간에 국권을 되찾기도 어려울 것이라고 판단합니다. 그래서 장기적이고 안정적인 항일운동을 위해 해외에 독립운동 기지 건설을 추진합니다. 이상설 선생이 중책을 맡아 1906년 북간도에 설립한 최초의 민족교육기관 서전서숙이 그 결실입니다.

국내에 남은 이회영 선생은 비밀결사체 신민회 조직에 앞장섭니다. 이때 신민회 본부로 사용된 곳이 남대문 상동교회입니다. 당시 이곳에 훗날 105인 사건에 연루되는 등 애국 활동에 앞장섰던 전덕기 목사가 있었기 때문입니다. 1914년 세상을 떠난 그는 현재 현충원 무후선열제단에 모셔져 있습니다. 이곳은 유해나 유품, 돌볼 유족이 없는 애국선열을 모신 곳입니다.

이회영 선생은 거시적 안목으로 중요한 사건을 준비합니다. 네덜란드 헤이그에서 열리는 만국평화회의에 특사 파견을 기획한 것입니다. 물론 헤이그에서 열리는 만국평화회의의 '평화'가 대한제

| 서전서숙 표지석 | 용정시 용정실험소학교 내에 있는 표지석은 학교 출입이 금지돼 망원렌즈로 촬영할 수밖에 없었다.

국과 같은 약소민족의 국권 보호를 위한 것은 아니었습니다. 하지만 특사 파견은 대한제국이 자주독립 의지가 있음을 알리는 상징적 사건이자, 을사늑약의 불법성을 세계에 알릴 수 있는 절호의 기회였습니다.

특사 파견 준비는 신민회 회원과 상동교회 출신이 맡았습니다. 헤이그 만국평화회의 개최 소식을 처음 전한 사람은 신민회 회원이자 당시 대표적인 민족지 〈대한매일신보〉의 주필 양기탁 선생이었습니다. 정사로 임명된 이상설 선생 또한 신민회 회원이었고, 부사로 임명된 이준 선생은 상동청년회 회장 출신입니다.

| 전덕기 목사와 무후선열제단의 위패 |

이회영 선생은 당시 황실의 의례를 맡아보던 조정구 대감을 통해 고종과 비밀리에 접촉합니다. 훗날 아들 이규학이 조정구의 딸 조계진과 결혼할 정도로 친분이 있었기 때문에 가능한 일이었습니다. 마침내 고종 황제의 신임장은 헐버트를 통해 '돌아오지 않는 특사' 이준 선생에게 전달됩니다.

헤이그 특사는 전통대로 정사·부사·서장관 3명으로 구성됐지만, 부사인 이준 선생 혼자 여행을 시작할 수밖에 없었습니다. 나머지 두 사람은 먼 타국에 있었기 때문입니다. 기차를 타고 서울에서 부산에 도착한 이준 선생은 다시 배를 이용해 블라디보스토크로 갑니다. 그곳에서 이상설 선생과 합류하지요.

두 특사는 이제 러시아 횡단열차에 몸을 싣고 상트페테르부르

크로 향합니다. 이곳에서 이위종 선생을 만나 그제야 특사 진용을 완성합니다. 세 사람은 다시 배를 타고 베를린을 거쳐 헤이그에 도착합니다. 1907년 4월 22일 출발해 6월 25일에 도착했으니 두 달이 넘게 걸렸고 거리로는 약 12,000km, 지구 둘레의 3분의 1 정도를 이동한 것입니다.

헤이그 특사, 타국에서 지고 조국에 묻히다

천신만고 끝에 만국평화회의가 열리는 낯선 땅에 도착했지만, 특사 일행을 기다린 건 냉대와 무시였습니다. 을사늑약으로 대한제국의 외교권이 박탈돼 회의장에 들어갈 수조차 없었기 때문입니다. 바로 그 조약의 불법성을 알리기 위해 이 먼 곳까지 왔는데 말입니다. 그러나 특사 일행은 낙담만 하고 있지 않았습니다. 숙소로 정한 융 호텔Hotel De Jong에 태극기를 게양하는 것으로 특사 활동을 시작한 세 사람은 길거리 외교에 힘씁니다. 그 결과 대한제국의 입장을 발표하고 신문기자단 회의에서 발언할 기회도 얻습니다.

그러나 긴 여행으로 인한 피로와 열강들의 냉대에 대한 분노 때문이었을까요? 1907년 7월 14일 이준 열사는 세상을 떠납니다. 서울에서 출발하기 하루 전, 안창호 선생 등 동료와 함께 전별연을 하고 쓴 시에 '오늘 밤은 그대들과 마음껏 취하련다. 아침을 생각하면 갈 길이 아득하구나.'라며 탄식했던 선생입니다. 아득한 그 길이 홀

| 이준 열사 묘소 | 북한산 대동문 가는 등산로 옆에 상당한 규모로 조성돼 있음에도 알고 참배하는 이가 드물다.

로 가는 마지막 길이 되고 말았습니다.

오랫동안 헤이그에 묻혀 있던 이준 선생의 유해는 1963년에야 고국으로 돌아올 수 있었습니다. 그리고 애국지사 묘소가 많은 북한산 자락에 부인 이일정 여사와 합장됩니다. 남편 순국 후 유해를 찾으러 하얼빈과 블라디보스토크를 전전했던 부인입니다. 그리고 이준 열사가 생을 마친 호텔은 '이준열사기념관Yi Jun Peace Museum' 으로 재단장돼 열사의 정신을 기리고 있습니다.

헤이그에서 목적한 바를 이루진 못했지만 이상설 선생 또한 특사로서의 사명을 저버린 것은 아닙니다. 망국 후 최초의 망명정부인 대한광복군 정부에서 정통령으로 선임되는 등 구국 활동을 이어가던 선생 또한 1917년 머나먼 이국땅 니콜리스크에서 눈을 감습니다. 국권을 회복하지 못한 자신을 죄인으로 여겼던 선생은 다음과 같이 유언합니다.

조국의 독립을 이루지 못하고 죽으니 어찌 영혼인들 고국 땅을 밟겠소. 내 시신을 화장하여 재를 시베리아에 뿌려 주시오. 그리고 조국의 독립이 오기 전에는 제사도 지내지 마시오.

젊은 시절부터 함께 나라를 걱정하며 신학문을 익혔던 이회영 선생에게 이상설 선생은 오랜 지기이자 독립운동의 둘도 없는 동지였습니다. 그러나 이회영 선생은 이상설 선생의 마지막에 함께할 수 없었습니다. 이상설 선생이 세상을 떠난 지 2년이 지나서야 망명지 베이징에서 벗의 죽음을 알게 됩니다. 이회영 선생은 밤새 통곡했습니다. "운運이여 명命이여, 운명運命이여!" 현재 이상설 선생도 현충원 무후선열제단에 모셔져 있습니다.

헤이그 특사 이야기를 마무리하며 한 사람을 더 기억하고자 합니다. 을사늑약의 부당성을 알리기 위해 조약 체결 직후 고종의 밀서를 갖고 미국 대통령과 국무장관을 면담하려 했던 애국지사, 헤이그 특사 위임장을 비밀리에 전해 주고 자신 또한 헤이그로 가 특

| **호머 헐버트 묘소** | '헐버트 박사의 묘'라는 한글 묘비명이 이채롭다. 묘비 옆 기념비에는 '한국인보다 한국을 더 사랑했고 자신의 조국보다 한국을 위해 헌신했던 헐버트 박사 이곳에 잠들다.'라는 추모 글귀가 새겨져 있다.

사들의 활동을 측면 지원한 푸른 눈의 '특사', 해방 후 우리나라를
방문했다 영면하자 웨스트민스터사원보다 한국 땅에 묻히고 싶다
던 유언대로 양화진외국인선교사묘원에 묻힌 사람, 그래서 외국인
최초로 건국훈장 독립장을 추서받은 이, 호머 헐버트Homer B. Hulbert입
니다. 그의 대표 저서 『The Passing of Korea』의 헌사는 또 한 번 우
리 가슴을 칩니다.

지금은 자신의 역사가 그 종말을 고하는 모습을 목격하고 있지만

장차 이 민족의 정기精氣가 어둠에서 깨어나면

'잠이란 죽음의 가상假像이기는 하나'

죽음 그 자체는 아니라는 것을 증명하게 될

대한제국의 국민에게

난잎으로 칼을 얻다

을사늑약과 헤이그 특사 사건의 현장 중명전은 이렇듯 국권을 지키기 위해 최선을 다한 이회영 선생의 숭고한 뜻이 서린 곳입니다. 이런 인연 때문일까요? 이곳에서 이회영 선생과 형제들을 주제로 한 '난잎으로 칼을 얻다'라는 특별전이 열린 적이 있습니다. 2014년 11월 17일 시작된 전시는 다음 해 3월 1일까지 이어졌습니다.

전시 종료일 3월 1일은 항일투쟁에 헌신한 이회영 선생을 생각하면 쉽게 이해가 갑니다. 일제강점기 최대의 전 민족적 저항운동이 일어난 날이기 때문입니다. 그럼 전시가 시작된 11월 17일은 어떤 날일까요? 이날은 1932년 이회영 선생이 순국한 날입니다. 그런데 11월 17일은 선생과 또 한 번의 인연 혹은 악연으로 엮입니다. 1905년 이날, 을사늑약이 체결되었기 때문입니다.

이 전시에는 항일 투사 이회영과는 다른 선생의 면모를 엿볼 수 있는 작품이 출품되었습니다. 이회영 선생의 그림입니다. 선생은 서

| 중명전에 걸린 '난잎으로 칼을 얻다' 전시 플래카드 |

예와 시문, 음악과 회화에 이르기까지 재주가 출중해 많은 이들의 부러움을 샀다고 합니다. 이는 당대 사대부라면 으레 갖추었던 교양 수준이 아니었습니다. 그런데 왜 선생은 난을 쳤을까요? 가장 가까이에서 선생을 보필했던 아들 이규창의 『운명의 여신』에 그 사정이 보입니다.

> 부친께서는 사군자 그림에 능하시어 석파石坡 대원군의 난을 흡사하게 치시기 때문에 부친은 석파의 난을 치시고 그림의 제목은 서도에 능하신 유창환 선생이 쓰시고, 낙관은 부친이 직접 인장을 새겨서 석파의 난화로 조금도 차질 없이 작성하시고, 그 화

폭은 유진태 선생께서 당시의 거부 명문가에 갖고 가시어 한 폭씩 맡기고 일금 1, 2백 원씩 받으시어 운동자금으로 조달하였다.

취미로서가 아니라 독립운동 자금을 마련하기 위해 난을 쳤다는 것입니다. 이 특별전의 제목 '난잎으로 칼을 얻다'는 이런 사정에서 연유합니다. 그런데 허술한 실력으로 당대 최고라던 석파란을 흉내 낼 수 있었을까요? 스승 추사 김정희조차도 난에 있어서는 석파 이하응이 자신을 능가한다고 평가했는데 말입니다. 이회영 선생의 묵란이야말로 삶과 예술을 조화롭게 승

| **이회영 선생 묵란** | 유치웅 선생의 제시는 다음과 같다. '서리가 잇달은 가지를 꺾은 지 여러 해 되었는데 홍진 세상에 남은 잎은 곤히 잠들었구나. 성재(이시영)가 글을 쓴 뒤 담원(정인보)이 시를 지었는데 아름다운 자취가 두 번째 종이에 남아 있구나.'

우당 이회영 한번의 죽음으로 천 년을 살다

| **심우장 편액** | 흔히 위창筆滄 오세창 선생의 글씨로 잘못 알려진 이 편액 왼쪽에 유치웅 선생의 호 일창一滄이 보인다.

화한 드물고 귀한 사례입니다.

옆 작품에 제시를 쓴 '유치웅兪致雄'을 눈여겨볼 필요가 있습니다. 그의 아버지가 앞 인용문에 등장하는 유창환 선생으로, 당대 최고의 문장가이자 서예가였습니다. 유치웅 선생 또한 아버지의 뒤를 이어 서예가로 이름을 날렸는데, 또 한 명의 걸출한 항일 투사 한용운 선생의 거처 심우장尋牛莊 편액이 그의 글씨입니다.

가장 많은 사연이 적힌 작품을 하나 더 소개합니다. 난은 이회영 선생이 미리 쳐두었고 발문은 동생인 이시영 선생이 썼습니다. 이시영 선생은 이회영 선생과 달리 대한민국임시정부가 수립된 1919년부터 해방을 맞은 1945년까지 일관되게 임시정부 요인으로 활동했습니다. 그리고 살아서 해방된 조국으로 돌아올 수 있었습니다.

중국 충칭에서 해방을 맞은 임정 요인들은 환국 전 상하이에서 한 달 가까이 머뭅니다. 이때 이회영 선생의 아들 이규학이 이 그림을 가지고 와 글을 써달라고, 그럼 기념으로 삼겠다고 합니다. 그러

| 심우장 | 한용운 선생은 서간도 신흥무관학교를 찾아간 인연으로 이회영 선생과 교류한다. 그의 거처 심우장은 일제강점기 마지막 '조선 땅'이었다.

자 이시영 선생은 '이것은 우당 형님께서 그린 것으로 손때가 아직 남아 있다. 미처 펼치기도 전에 눈물이 먼저 떨어진다.'고 씁니다. 그리고 1910년 경술국치 직후 6형제와 일가 전체가 집단 망명해 36 년간 타국에서 풍찬노숙하며 독립운동했던 일을 짧게 회상합니다.

옛적 경술년 겨울, 형제 6인이 함께 남만주로 가서 나라를 되찾고 일본을 망하게 하려고 도모하여 만 번 죽기를 무릅쓰고 간신히 분투하였다. 어느덧 36년이 흘러 누차 상전벽해를 겪으니 형제는 모두 죽고 처자는 전부 세상을 떠나서 나 한 사람만 초라하게 만 리 먼 하늘 아래 형체와 그림자가 서로 비추고 있다. 사람이 목석이 아닌 이상 어찌 괴로운 심정이 없겠는가.

회한을 이기지 못했던지 이시영 선생은 그림 아래쪽에 한 편의 글을 더 써 형님을 추모합니다. 이회영 선생의 순국 소식이 전해졌을 당시를 떠올린 것입니다. '나는 당시 항주에 있었다. 중국의 수많은 동지들이 서호공원에서 추도회를 열고 뜨거운 눈물을 흘렸는데, 그 일이 신문에 실렸다.'

| 이회영 선생 묵란 | 이시영 선생은 아버지를 여읜 조카 이규학에게 다음과 같이 당부한다. '사람이 누군들 죽지 않겠느냐마는 죽었다고 따라 죽는다면 헛된 죽음이다. 너와 내가 마치지 못한 업적을 계승하여 죽은 사람으로 하여금 유감이 없게 해야 한다.'

| 항저우 서호 | 이시영 선생이 형님 이회영 선생의 추도식을 열었다는 서호는 항저우 대한민국임정 청사에서 지척이다.

    1932년 윤봉길 의사의 홍커우공원 의거 직후 김구 선생을 비롯한 임정 요인들은 상하이를 떠나 자싱과 항저우로 피신합니다. 그때 이시영 선생이 형님 이회영 선생의 서거 소식을 들었다는 것입니다. 우리 독립운동사 전체를 아우르는 이회영 선생 집안 면모를 한눈에 확인할 수 있는 작품이 아닐 수 없습니다.

망국 후 이회영은
어떻게 했을까?

대지의 눈과 거꾸로 선 동상

이회영 선생을 비롯한 많은 애국지사들의 울분과 노력에도 불구하고 망국을 막을 순 없었습니다. 그럼 조선왕조를 이은 대한제국이 공식적으로 역사에서 사라진 때는 언제일까요? 1910년 8월 29일입니다. 어떤 근거로 이날을 망국의 날이라고 할까요? 이때 '한일병합조약韓日倂合條約'이 체결되었기 때문입니다.

일곱 개 조항으로 이루어진 조약의 제1조는 다음과 같습니다. '한국 황제 폐하는 한국 전체에 관한 일체 통치권을 완전히 또 영구히 일본 황제 폐하에게 양여함.' 물론 당시 대한제국의 황제 순종이 자발적으로 조약에 동의하지 않았으니 이는 원칙적으로 무효입니다.

일부 친일파를 제외하곤 당시 한국인 중 누구도 일본과의 '병합'을 원하지 않았습니다. 그래서 우리는 이 사건을 1910년, 경술庚戌년

| **통감관저터 표지석** | 경술국치 100년을 맞은 2010년 8월 29일, 신영복 선생이 글씨를 쓰고 민족문제연구소가 세웠다.

에 일어난 나라의 치욕, '경술국치庚戌國恥'라 부릅니다. 이 문서에는 두 사람의 서명이 있습니다. 대한제국 내각총리대신 이완용과 조선 3대 통감이자 초대 총독인 데라우치 마사다케입니다.

그래서 '한일병합조약'은 당시 통감관저에서 체결되었습니다. 현재 명동에서 소파로를 따라 남산을 오르다 보면 왼쪽으로 보이는 '서울특별시 소방재난본부' 바로 옆입니다. 최근 이곳에 '기억의 터' 가 조성되었습니다. 일제강점기 강제로 끌려간 '위안부' 할머니를 잊지 않기 위한 공간으로 '대지의 눈', '세상의 배꼽' 등이 조성된 것 입니다.

| **대지의 눈** | 일본군 '위안부' 피해 할머니 247명의 이름과 고 김순덕 할머니의 작품 〈끌려감〉이 함께 새겨져 있다.

이곳에 우리가 두 눈 부릅뜨고 기억해야 할 인물의 흔적이 있습니다. 하야시 곤스케. '거꾸로 세운 동상'은 그의 동상을 받치고 있던 좌대 판석을 거꾸로 세운 조형물인데, 돌판에 새겨진 그의 이름, 하야시 곤스케林權助는 이제 하늘을 향하지 못하고 땅으로 처박힐 듯합니다. 을사늑약 체결 실무를 담당했던 그의 이름은 조약문에 서명됐고 그 공으로 통감관저터에 동상이 세워졌던 것입니다.

| 거꾸로 세운 동상 | 조형물 뒤편 안내문의 마지막 구절은 다음과 같다 '광복 70주년을 맞아 흩어진 동상 잔해를 모아 거꾸로 세워 욕스러움을 기린다.'

우리 동포의 가장 좋은 모범이 되리라

민족 반역 세력이 조선 땅에 일제를 끌어들이는 것이 유일한 살 길이라는 궤변을 늘어놓으며 나라 팔아먹는 일에 분주할 때, 이회 영 선생은 왜적이 차지한 고국에서는 하루라도 같은 하늘을 이고 살 수 없다는 심정으로 망명 준비에 여념이 없었습니다. 1909년 블 라디보스토크에서 이상설 선생을 만나 망명과 해외 독립운동 기지 건설을 논의하고, 1910년 8월에는 직접 만주지방을 시찰해 망명지를 물색합니다.

이회영 선생은 사달이 났다고 무작정 일을 벌이거나 감정적으로 대응하지 않았습니다. 이회영 선생을 비롯한 독립운동가의 삶을 살피다 보면, 무서울 정도로 냉철하게 상황 파악을 한 후 자신의 처지에서 할 수 있는 최선을 선택하고 묵묵히 실천하는 경우를 자주 봅니다. 이때 일이 성공할지, 자신에게 이익이 될지, 그 길이 편안하고 안전한 장래를 보장할지는 중요하지 않았습니다.

나라는 잃었어도 기득권은 유지할 수 있었을 이회영 선생의 선택은 집안 전체의 망명이었습니다. 어떻게 이런 일이 가능했을까요? 이회영 선생의 형제간 우애가 남달랐기 때문입니다. 『우당 이회영 실기』에는 6형제의 우애를 다음과 같이 기록하고 있습니다.

형제가 모두 화합하고 즐거워하여 그 형제 간의 우애가 마치 악기를 서로 맞춰서 연주하듯 즐거웠고, 산앵두나무의 만개한 꽃과 같이 화사하였으니, 온 집안에 즐거운 기운이 가득 찼고 형제간 우애의 소문이 서울 시내에서 으뜸이었다.

이회영 선생은 형님과 동생을 이렇게 설득했다고 합니다. "뒷날에 행운이 있어 왜적을 부숴 멸망시키고 조국을 다시 찾으면, 이것이 대한민족 된 신분이요, 또 왜적과 혈투하시던 백사 공의 후손 된 도리라고 생각합니다."

| 망명을 논의하는 이회영 6형제 |

임진왜란 당시 왜군에 맞섰던 백사 이항복의 자손으로서, 일제의 지배를 받게 된 조선 땅에서는 단 하루도 살 수 없다는 결기였습니다. 이런 이회영 형제의 용기와 결단을 크게 상찬한 이가 있습니다. 독립협회를 창립하고 신간회 회장을 지낸 이상재 선생입니다.

동서 역사상 나라가 망한 때 나라를 떠난 충신 의사가 수백, 수천

| **백세청풍**百世淸風 **각자** | 청풍계에 살던 김상용 선생이 주자의 글씨를 탁본해 새겼다고 전해진다.

에 그치지 않는다. 그러나 우당 일가족처럼 6형제와 가족 40여 명이 한마음으로 결의하고 나라를 떠난 일은 전무후무한 것이다. 장하다! 우당의 형제는 참으로 그 형에 그 동생이라 할 만하다. 6형제의 절의는 참으로 백세청풍百世淸風이 될 것이니 우리 동포의 가장 좋은 모범이 되리라.

영원히 후대 사람들의 모범이 된다는 의미의 한자성어는 많습니다. 그런데 이상재 선생은 유독 '백세청풍'을 선택했습니다. 청계천의 상류로 맑은 계곡물이 흘렀던 때, 청풍계라 불리던 인왕산 아

| **김상헌 선생 묘소** | 서울에서 가까운 남양주 와부읍 덕소리에 위치하며 김상용 선생의 묘소도 인근에 있다.

래 바위에 네 글자가 새겨져 있습니다. 당대 명사인 이상재 선생이
이 사실을 모르지 않았겠지요.

　그리고 이 글씨를 새긴 이가 병자호란 당시 폭탄을 터트려 순국
한 김상용 선생이라는 사실도 이상재 선생은 알고 있었을 겁니다.
어쩌면 선생은 김상용 선생의 동생, 김상헌 선생을 이회영 선생과
겹쳐 떠올렸을 수도 있겠습니다. 김상헌 선생이 누굽니까. 병자호란
당시 남한산성에서 끝까지 싸울 것을 주장했고, 전란이 끝난 후 청
나라 수도 선양에 인질로 잡혀가면서도 당당함을 잃지 않았던 분입
니다. 김상헌 선생이 한양을 떠나며 읊조렸던 시조를 이회영 형제

또한 속울음을 울며 읊지 않았을까, 이상재 선생은 그렇게 상상하지 않았을까요.

가노라 삼각산아 다시 보자 한강수야
고국산천을 떠나고자 하냐마는
시절이 하 수상하니 올동말동 하여라.

우리 역사상 나라가 위태로웠던 시기 중 하나인 임진왜란 당시 자신의 목숨까지 바쳐 구국 항전에 나선 충무공. 이순신 장군을 기리는 '통제이공수군대첩비'에 이항복 선생의 문장과 김상용 선생의 글씨가 동시에 남은 건 우연한 사실이지만 필연적 진실입니다. 임란이 끝나자 이항복 선생은 임금의 명으로 민심을 다독이는 체찰사로 여수를 다시 찾습니다. 그리고 충무공 전적비 비문을 짓습니다. 이때 비문 위에 쓰는 큼지막한 글씨, 두전頭篆을 쓴 이가 김상용 선생입니다.

우리나라 최대의 전적비는 그러나 쉽게 세워지지 않았습니다. 임진왜란 당시 이순신 장군 휘하에 있던 유형이 전라좌수사로 비석 건립에 애쓰다 황해도 절도사로 옮기면서 일은 지지부진해집니다. 그러나 유형은 이 일을 잊지 않고 그 지역에서 난 귀한 돌을 보내 비석 건립을 도왔습니다. 이 대첩비가 세워지지 않는다면 자신의 묘 앞에도 비석을 세워서는 안 된다는 것이 그의 유언이었습니다.

| 고소대 | 임진왜란 당시 전라좌수영 진남관이 내려다보이는 이곳에서 이순신 장군은 수군을 조련하고 군령을 내렸다고 한다.

　　1615년 드디어 비석이 섭니다. 임란 당시 충무공이 적진을 살피고 군령을 내렸다는 여수 계산 꼭대기, 전라좌수영 진남관 맞은편입니다. 전적비 좌우로는 타루비와 동령소갈비東嶺小碣碑가 전적비를 보좌하듯 서 있습니다. 당시 여수 백성들은 이순신 장군을 생각하면 눈물이 났나 봅니다. 타루비를 세운 연유입니다.

　　기왕 이야기가 길어진 김에 한 가지 더 덧붙입니다. 통제이공수군대첩비는 이회영 선생이 망명한 국망의 시기에 큰 수난을 겪습니

| **통제이공수군대첩비** | 노량해전에서 이순신 장군이 전사하자 휘하 군졸과 백성들이 세운 타루비와, 전적비를 세우고 중수한 사연을 기록한 동령소갈비 가운데 통제이군수군대첩비가 서 있다. 대첩비 상단에 전서체로 統制李公水軍大捷碑를 새겼다.

| 압록강 단교 | 만주 약탈을 위해 일제가 1909년 착공해 1911년에 완공한 이 다리의 공사 현장을 망명하던 이회영 선생은 보았으리라.

다. 당시 일본인 여수 경찰서장이 비각을 훼철하고 전적비도 일본으로 밀반출하려 했기 때문입니다. 불행 중 다행으로 전적비는 해방 후 경복궁 근정전 앞마당에서 발견돼 1947년 현재의 자리로 돌아올 수 있었습니다.

나는 네 사랑 너는 내 사랑

이회영 선생은 나라 망한 해의 마지막 달, 조국 강토의 북쪽 끄트머리 압록강을 건너며 이렇게 읊었습니다. '압록강 물이 어느 때라고 마르겠는가, 내 가슴 끓는 한은 그칠 기약조차 없어라.' 우리 고전 시가 중 최고의 이별 노래로 알려진 정지상의 「송인送人」에 비슷한 구절이 보입니다. '대동강 물은 어느 때나 다할 것인가, 이별의 눈물 해마다 푸른 물결에 더해지나니.'

앞서 이곳을 건넜던 신채호 선생은 멀어져 가는 조국 강산을 바라보며 '나는 네 사랑 너는 내 사랑'이라고 쓴 바 있습니다. 한없이 사랑하는 고국을 원치 않게 이별해야 했던 망국 시기 민족 지사들, 그들은 조국을 되찾기 위해 기꺼이 낯설고 물선 땅으로 향했습니다. 그 길은 기득권과 영광은 포기하고 의무와 고난은 감내하는 무섭고 무거운 여정이었습니다.

명문가라 감시가 심했고 대규모라 이동이 더뎌 집단 망명은 쉽지 않았습니다. 몇 무리로 나누어 비밀리에 신의주에 집결한 이회영 일가는 1910년 12월 30일, 얼어붙은 압록강을 건너 안동현, 지금의 단둥에 도착합니다. 그리고 다시 십여 일을 걸어 임시 기착지인 횡도촌에 당도합니다.

이때 일행을 가장 괴롭힌 건 만주의 추위였습니다. 조선에서 가장 춥다는 대한大寒 추위와는 비교도 안 될 만큼 혹독한 날씨였습니다. 새벽 4시면 출발해 하루 종일 걸어야 했고, 60여 명 가족이 묵을

| **홀본성 아래 비류수** | 고구려의 첫 번째 산성으로 알려진 홀본성 아래 비류수는 이제 댐에 막혀 흐르지 못한다. 저 너머 이회영 일가가 잠깐 쉬어 갔다는 횡도촌이 있다.

숙소를 찾지 못하면 밤길도 마다할 수 없었습니다. 그렇게 고생 끝에 횡도촌에 도착했지만 잠시 쉴 수 있을 뿐이었습니다. 고구려의 첫 수도 환인 홀본성이 지척이라지만 망명객들에겐 위로가 되진 못했겠지요.

압록강에서 횡도촌까지의 거리보다 더 먼 길을 가서야 정착할 마을, 삼원보 추가가에 도착할 수 있었습니다. 조선의 명문 사대가로서 큰 고생 없이 생활했을 이회영 집안사람들이었기에 고통은 더

| 대고산 | 이회영 선생을 비롯한 망명 지사들은 1911년 4월 이 산 아래에서 군중대회를 열고 경학사를 창설한다. 교장에는 훗날 대한민국임시정부 국무령을 지낸 이상룡 선생이, 재무부장에는 임시정부 임시의정원 초대 의장을 지낸 이동녕 선생이, 그리고 내무부장에는 이회영 선생이 임명되었다.

컸을지 모르겠습니다. 이때 선생은 이렇게 가족을 격려하고 위로했습니다.

이러한 고초는 망국대부亡國大夫의 가족으로서 국가에 속죄하는 것이며, 선열의 영혼에 사죄하는 것이고, 동시에 내일의 자주 국민이 되는 훈련을 하는 것이다.

| **추가가 마을** | 파란색 지붕의 가건물 위치가 신흥강습소가 있던 곳이라 하지만 정확한 근거는 없다.

만주의 극심한 추위를 견디며 새로운 땅에서 삶의 터전을 일군
지 몇 달 후인 1911년 봄, 정착지 뒷산인 대고산에서 이회영 선생을
비롯한 민족 지사들은 군중대회를 열고 경학사를 조직합니다. 일하
고[耕] 배우는[學] 모임입니다. 「경학사 취지문」에는 그들이 직면한
고통스러운 현실과 그럼에도 불구하고 결코 포기할 수 없는 조국
광복에의 희망을 넉넉히 읽어 낼 수 있습니다.

| **합니하 신흥무관학교터** | 이곳 역시 어떤 흔적도, 표지석도 없어 텅 빈 공간을 답사 동행들로 채워 아쉬움을 달랬다.

오호, 슬프도다. 사랑하는 조국이여! 차라리 칼을 빼 목숨 끊고 싶지만, 이 한 몸 죽는 것 또한 적이 바라는 바이다. 곡식 끊어 굶어 죽고 싶으나, 나라를 팔고 이름을 사는 일이라 이 또한 차마 할 수 없도다. 언제까지 눈물을 삼키며 치욕을 당할 것인가. 이제 우리는 힘을 길러 조국의 불빛을 밝히겠노라.

경학사 설립 한 달 후에는 신흥강습소를 개교함으로써 본격적인 민족 교육과 군사훈련에 박차를 가합니다. 신흥무관학교는 1920년 일제의 방해로 학교 문을 닫을 때까지 약 3,500명의 졸업생을 배

| 고산자 **신흥무관학교터** | 답사 일정에 없던 이곳을 가기 위해 중국인 버스 기사에게 상당액을 추가로 지급하고 왔지만 가도 가도 끝없는 옥수수밭뿐이었다.

출합니다. 이들은 이후 항일무장투쟁의 최선봉에서 주력으로 활약했습니다.

망국 후 일본 정규군을 상대로 한 첫 승전보이자 무장투쟁 역사상 가장 큰 승리로 기억될 봉오동전투와 청산리대첩의 주역, 1920년대 가장 치열하게, 가장 희생적으로 의열투쟁에 나섰던 의열단 단원들, 그리고 1930년대 이후 우리 항일무장투쟁을 이끌었던 민족혁명당 산하 조선의용대 대장 김원봉 장군과 대한민국임시정부 휘하의 한국광복군 총사령 지청천 장군, 이들 모두가 신흥무관학교 출신입니다.

그럼 신흥무관학교는 어떤 모습이었고, 또 학생들은 무엇을 배웠을까요? 당시 열다섯 나이로 신흥무관학교에 최연소로 입학한 장지학의 묘사가 남아 있습니다. 그는 1930년대 미국인 기자 님 웨일즈를 만나 항일 투사로서의 자신의 삶을 회고합니다. 이를 바탕으

로 그녀는 『The Song of Arirang』을 출간했습니다. 이 책에는 조국
의 해방과 새로운 세상을 꿈꾸었던 한 위대한 영혼의 불꽃 같은 삶
이 고스란히 담겨 있습니다.

학교는 산속에 있었으며 18개의 교실로 나뉘어 있었는데, 눈에
잘 띄지 않게 산허리를 따라 나란히 줄지어 있었다. (…) 학과는
새벽 4시에 시작하여, 취침은 저녁 9시에 하였다. (…) 우리는 등
에 돌을 지고 걷는 훈련을 하였다. 그래서 아무것도 지지 않았을
때에는 아주 경쾌하게 달릴 수 있었다. '그날'을 위해 조선의 지
세, 특히 압록강 두만강 건너 한반도의 북쪽 지리에 관해서는 주
의 깊게 연구하였다.

독립운동과 하야밥

이렇게 말하니 모든 일이 순조로웠으리라 짐작하겠지만 실상은 정반대였습니다. 조선인들이 타국 땅에 자리 잡는데 여러 가지 어려움이 있었습니다. 그중 가장 심각한 문제는 땅을 살 수 없다는 것이었습니다. 경학사와 신흥강습소가 문을 열자 더 많은 조선인들이 이곳으로 몰려들었고, 그 땅에 살던 중국인들은 불안을 느껴 조선인들에게 땅을 팔지 않았던 것입니다. 심지어 조선 사람을 일제 앞잡이로 의심해 중국 관원에 신고하기도 했습니다.

이때 문제 해결을 위해 이회영 선생이 나섭니다. 선생은 조선인 정착지를 관할하던 동삼성 총독을 방문하지만 만날 수 없었습니다. 조선에서야 명문 사대부지만 중화민국에서는 별 볼 일 없는 외국 망명객에 불과하기 때문이었겠지요. 그러나 선생은 좌절하지 않고 베이징으로 향합니다. 당시 중화민국 최고 권력자인 총리대신 위안스카이를 면담하기 위해서입니다.

동삼성 총독도 만날 수 없는데 총리대신을 면담할 수 있을까요? 그러나 이회영 선생은 믿는 구석이 있었습니다. 30여 년 전 위안스카이가 청나라 군인이자 사실상의 '조선국 통감'으로 조선에 머물 때 이회영 선생 집안과 가깝게 지낸 인연이 있었던 것입니다. 선생의 짐작은 어긋나지 않았습니다. 위안스카이는 이회영 선생을 반갑게 맞았고 문제 해결에 적극 나섭니다.

위안스카이는 자신의 측근 비서를 이회영 선생과 동행시켜 사

| 동삼성 총독부 | 『열하일기』에 등장하는 선양고궁을 가던 중 우연히 발견한 동삼성 총독부 건물. 공개하진 않지만 원형이 잘 보존돼 있다.

태를 풀게 합니다. 곧 청나라 사람들에게는 조선인들과 가깝게 지내고 그들의 정착에 협조하라는 강력한 권고가 전해집니다. 이때 이회영 선생을 비롯한 조선 망명객들은 추가가에서 합니하로 근거지를 옮깁니다. 1912년 6월에 합니하에 신흥무관학교가 다시 개교한 연유입니다.

이회영 선생은 가족보다는 동포, 동포 개개인보다는 조선 민족 전체를 더 마음에 두었습니다. 선생은 조국을 위해선 중국 최고 권력자에게도 서슴지 않고 면담을 신청했지만, 가족들의 고생에는 조금 무심했던 것 같습니다. 이회영 선생이 공무로 집에 없을 때 부인 이은숙 여사는 마적들의 습격으로 총상을 입었습니다. 아들 이규창 또한 얼굴과 손에 큰 화상을 입고도 제대로 된 치료를 받지 못했습니다.

이회영 선생은 학교 일과 독립운동 지도에 바빴겠으나 선생의 가족들은 먹을 것을 구하기 위해 쉴 틈이 없었습니다. 봄, 여름이면 산나물을 캐 겨울날 준비를 하느라 종일 산을 뒤지고 다녔습니다. 밥이라도 할라치면 말린 옥수수 알을 며칠씩 물에 불려야 했습니다. 왜 쌀이 아니라 옥수수로 밥을 지었을까요? 이회영 선생 가족이 정착한 곳은 첩첩산중이라 쌀을 사려면 몇백 리를 나가야 했습니다. 그래서 쌀밥은 집안의 가장 큰 어른인 이석영 선생에게만 드리고 나머지 가족들은 옥수수를 주식으로 삼을 수밖에 없었습니다.

그랬기에 이런 일도 있었습니다. 이석영 선생의 아들 이규서는 아버지가 먹는 쌀밥을 자주 얻어먹었던가 봅니다. '하얀밥'이라고 불리던 쌀밥을 매일 먹는 사촌 형이 부러웠던 이규창은 하루는 밥을 먹다 말고 밖으로 나가 땅을 팝니다. 어떤 부인이 왜 땅을 파느냐고 묻자 이규서를 땅에 묻으려고 한다고 대답했고, 이는 곧 이석영 선생에게 전해집니다. 크게 화가 난 이석영 선생은 이규창을 불러 회초리 20대를 때렸습니다. 그저 바라볼 수밖에 없었던 이규창의 어머니, 곧 이회영 선생의 아내 이은숙 여사는 얼마나 마음이 아팠을까요? 여사는 그 일을 오래도록 잊지 못하고 한스러워했답니다.

| **서간도의 옥수수밭** | 신흥무관학교가 있었던 추가가, 합니하, 고산자의 흔적은 모두 옥수수밭으로 지워졌다고 해도 과언이 아니다.

이 난을 사귐의 증표로 삼는다

당시 신흥무관학교는 비밀리에 운영되었기에 아는 사람이 많지 않았습니다. 그래서 이곳을 방문하려면 믿을 만한 사람의 소개장을 써 오는 것이 상례였습니다. 일본 경찰과 밀정을 피하기 위해서입니다. 그런데 한 조선인이 소개장 없이 이곳을 찾았고 며칠 지내다 돌아갔습니다. 무관학교 청년들은 그를 밀정으로 짐작하고 습격합니다. 다행히 그는 급히 치료를 받아 목숨은 건질 수 있었습니다. 이회영 선생은 몇 년 후 조선에서 이 사람의 방문을 받습니다. 그리고 부인에게 이렇게 말합니다.

> 몇 해 전에 소개 없이 청년 하나 오지 않았던가? 자기가 통화 가다 총 맞던 말을 하며 '내 생명을 뺏으려 하던 분을 좀 보면 반갑겠다'고 하니, 그분은 영웅이야. (…) 그분이 총을 맞고 최후를 마쳤으면 기미 만세에 「독립선언서」를 누구하고 같이 짓고, 33인의 한 분이 부족하지 않았을까?

영웅이라는 그분은 누굴까요? 민족대표 33인 중 한 분이자 「기미독립선언서」의 '공약 3장'을 썼으며, 3.1운동 관련 재판에서 조선인이 조선 민족을 위하여 독립운동하는 것은 백번 마땅한 노릇이라고 일갈했던, 독립운동가이자 조선 불교 개혁의 선구자, 그리고 『님의 침묵』의 시인 한용운 선생입니다.

신흥무관학교가 본격적으로 운영되자 일제의 감시가 이곳까지 뻗칩니다. 1913년 이회영 선생은 자신을 체포하러 오는 일제 형사대를 피할 겸 독립 자금도 모금하기 위해 국내로 잠입합니다. 위급한 상황에서도 자신을 돌보지 않고 솔선수범한 것입니다. 이때 이회영 선생이 몸을 숨긴 곳은 제자인 윤복영의 집이었습니다. 벽에 바짝 붙여 세운 병풍을 조금 앞으로 내 공간을 만들고 그 좁은 곳에 숨어 몇 달을 지냈다고 합니다.

| 한용운 선생 묘소 | 망우산 공원묘지 내에 있다.

　　윤복영은 이회영 선생이 망명할 때 동행하려고 했습니다. 그러
나 선생은 그에게 국내에서 할 역할이 있다며 만류합니다. 윤복영
은 스승의 뜻을 받들어 교육 운동과 독립운동 자금 모금에 힘썼습
니다. 아버지 윤복영의 심부름으로 형과 함께 설렁탕집을 드나들었
다던 윤형섭, 그는 해방 후에야 그곳이 상하이 임시정부로 독립 자
금을 보내는 비밀 장소라는 사실을 알았다고 합니다. '꼬마 자금책'
윤형섭은 훗날 대한민국 교육부 장관이 됩니다.

　　스승 이회영은 3.1운동 직전 상하이로 떠나며 제자 윤복영을 위
해 부채에 난을 칩니다. 그리고 '蘭以證交난이증교' 네 글자를 써줍니
다. 선비의 절개와 기품을 상징하는 난을 사귐의 증거로 삼는다는

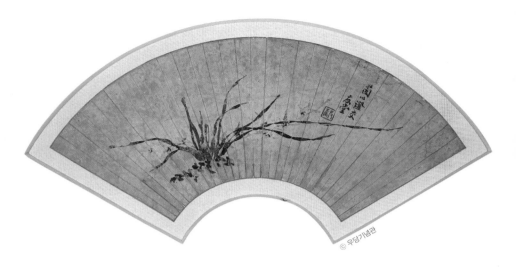

| 난이증교 부채 | 현재 전하는 이회영 선생 묵란 글씨는 모두 다른 이들의 것이다. 그러나
이 부채에 적힌 '蘭以證交 友堂'은 이회영 선생의 친필이다.

뜻입니다. 이 귀한 부채를 윤형섭 장관은 이회영 선생을 기리는 우
당기념관에 기증했습니다. 11월 17일, 이회영 선생과 아버지 윤복
영의 기일에 맞추어서입니다.

가족 또한
고초를 겪었다는데!

북이 운다 종이 운다, 북경의 겨울밤에

비밀리에 서울에서 활동하던 이회영 선생은 1919년 중국으로
다시 망명합니다. 베이징을 거쳐 상하이로 향하지요. 3.1운동 직후
상하이에서 독립운동을 지도할 조직 결성이 활발히 논의되었기 때
문입니다. 초기에 선생은 여기에 적극 참여합니다. 지금의 국회의원
격인 임시의정원 의원으로 선출되고, 초대 국무총리로 추천되기도
합니다.

그런데 이회영 선생은 임시정부를 수립하자는 이들과는 생각
이 좀 달랐습니다. 임시라도 정부를 세우면 각 독립운동 진영 간 파
벌 싸움이 심각할 거라 예견한 것입니다. 그래서 다양한 독립운동
방향과 방법을 가진 여러 단체의 활동을 조정하고 지도할 자유로운
결사체를 구성하자고 주장합니다.

그러나 선생의 뜻과는 달리 임시정부는 수립되었고, 이에 이회

| **상하이 서금2로** | 1919년 4월 11일, 이 거리 어느 2층 건물에서 '대한민국'이 탄생했다.

영 선생은 미련 없이 베이징으로 떠납니다. 그리고 자신의 소신대로 독립운동을 지도해 나갑니다. 대한민국임시정부는 이후 이회영 선생의 예상대로 끊임없는 파벌 싸움과 분쟁으로 상당 기간 '정부'의 역할을 하지 못했습니다.

이회영 선생의 베이징 집은 독립운동의 근거지이자 누구나 잠시 몸을 쉴 수 있는 곳이었다고 합니다. 망국 전후 망명한 독립지사들뿐만 아니라 나라를 되찾겠다며 조국을 탈출한 젊은이들도 이회영 선생을 찾아뵙고 지도를 받았기 때문입니다.

그중에는 우리에게 널리 알려진 이도 있습니다. 『상록수』와 「그날이 오면」의 작가 심훈입니다. 당시 그가 쓴 것으로 추정되는 시도

| **베이징 구러우와 중러우** | 베이징 도시 건설의 기준선이자 용맥龍脈이라고 불렸던 중축선은 자금성을 남북으로 관통한 후 북쪽 끝 지점인 구러우와 중러우에 닿는다. 그러니까 이회영 선생은 자금성 뒷동네에 살았던 것이다.

전하는데, '북이 운다, 종이 운다'는 구절은 이회영 선생의 거처가 있었던 골목 이름과 관련이 있습니다. 북을 울리고 종을 쳐 시간을 알리던 베이징 구러우鼓樓와 중러우鐘樓 인근에 선생이 거처했기 때문입니다.

　　눈은 쌓이고 쌓여

　　객창을 길로 덮고

몽고바람 씽씽 불어
왈각달각 잠 못 드는데
북이 운다, 종이 운다
대륙의 도시 북경의 겨울밤에

하도 처량하여 눈물이 절로 난다

베이징에서 이회영 선생의 생활은 어땠을까요? 많은 이들이 찾았다니 집안 형편도 넉넉하고, 뭇사람들의 존경을 받았다니 마음은 평안했을까요? 정반대입니다. 두 가지 이유로 그렇습니다. 먼저 상상할 수 없을 만큼 가난했습니다. 그리고 일부이긴 하지만 망명가 중에는 자기 이익을 위해 다른 사람을 희생시키려는 이들이 있었기 때문입니다.

가난한 이들은 주소가 길고 많기 마련입니다. 애초 집터가 아닌 곳에 터전을 마련해야 하고, 자주 이사하기 때문입니다. 베이징의 이회영 선생 거처 또한 여러 곳입니다. 그런데 현재 골목 이름으로만 남은 선생의 거주지를 찾다 보면 이상한 점을 발견하게 됩니다. 그리 넓지 않은 구역 내에서 여러 번 이사한 것입니다. 즉 특별히 더 나은 주거지로 이주한 게 아니라는 말입니다. 이유가 뭘까요? 가난한 동네에서도 한곳에 정착하지 못할 만큼 가난했기 때문입니다.

심지어 이회영 선생 일가는 동생 집에 얹혀살기도 했습니다. 이

| 소경창호동 | 이회영 선생의 여섯째 동생 이호영 선생은 이 골목 어느 집에서 하숙을 치며 생계를 이어 갔다.

때 흥미로운 이야기가 전합니다. 당시 언론인이자 역사가이며 독립 운동가인 신채호 선생이 이곳에서 함께 지냈습니다. 선생은 〈동아 일보〉와 〈조선일보〉에 글을 써 보냈고 신문사는 원고료를 조선은행 베이징지점으로 보냈습니다. 이 돈 찾아오는 심부름을 이회영 선생 의 아들 이규창이 했다고 합니다.

이회영 선생의 베이징 마지막 거처는 최근 여행지로 유명해진 난뤄구샹의 모아호동 내에 있습니다. 대문을 들어서면 좌우에 달린 수십 개의 전기 계량기가 먼저 눈에 띕니다. 많은 이들이 살고 있다 는 뜻입니다. 안으로 들어가 구조를 살펴보면 집을 동서로 양분하

| 모아호동 | 최근 베이징의 유명 관광지로 떠오른 난뤄구샹 내에 있는 이곳은 신채호 선생의 거처가 있던 초두호동과 매우 가깝다.

고 이를 다시 수십 개의 작은 방으로 나눴음을 확인할 수 있습니다.

자금성에서 가까운 이 집은 원래 황족이나 고관의 집이었을 겁니다. 청나라 마지막 황후의 옛집도 인근에 있으니까요. 시간이 흘러 큰 집은 잘게 쪼개져 가난한 이들의 보금자리가 되었을 테고, 이곳 어느 귀퉁이에 이회영 선생도 고단한 몸을 뉘였을 겁니다. 망한 조국이지만 망명하지 않았다면 이회영 선생은 이 집 전체보다도 더 크고 좋은 집에서 살 수 있었을 거라는, 부질없는 생각이 머리를 떠나지 않습니다.

가난한 살림살이에 선생도 참담했겠지만, 생활고의 어려움은 집

| 이규학 선생과 조계진 여사 |

안 여자들에게 특히 더 가혹했을 겁니다. 타국으로 오기 전에는 대단한 명문가의 귀부인이었을지 몰라도 베이징에선 직업이 독립운동인, 그래서 생활비를 한 푼도 벌어오지 못하는 망명객의 안식구일 뿐이었기 때문이지요. 자식들 또한 선택하지도, 원하지도 않았던 고생을 감수할 수밖에 없었습니다.

쌀이 없어 하루 종일 밥을 못 짓고 밤이 다 되었다. 때마침 보름달이 중천에 떴는데, 아버님께서 시장하실 텐데 어디서 그런 기력이 나셨는지 무슨 곡인지는 모르지만 하도 처량하여 눈물이 절로 난다고 하며 퉁소를 부시니 사방은 고요하고 달빛은 찬란한데 밥을 못 먹어서 배는 고프고 이런 처참한 광경과 슬픈 일이 어디 있겠는가.

어느 가난한 집 며느리의 수심 가득 찬 목소리가 처량합니다. 어느 때 어느 곳이나 있음 직한 사연입니다. 특별할 것도 없습니다. 그러나 이 글을 감싸고 있는 이야기는 결코 잊을 수도 잊혀서도 안 됩니다. 남의 나라 낯선 도시 베이징에서 시아버지 이회영 선생께 밥을 못 해드려 노심초사하는 며느리의 목소리이기 때문입니다. 조계진, 그녀는 조선의 마지막 왕이자 대한제국 첫 황제의 조카입니다.

당시 베이징에서 제일 가난한 이들이 먹던 쌀을 '짜도미'라고 했답니다. 쌀은 조금밖에 없고 여러 잡곡이 섞인 질 낮은 곡식입니다. 그런데 이회영 선생 가족들은 이것조차 넉넉지 않아 밥 대신 죽을 쑤어 끼니를 이었습니다. 양을 늘리기 위해서지요. 일주일에 세 번 밥을 지어 먹으면 재수가 아주 좋은 일이었기에 선생의 아들 이규창은 아침밥을 먹고 학교에 가는 일이 거의 없었다고 회고했습니다.

최소한의 양식도 구하지 못하는 형편이니 어린아이들은 허약했겠습니다. 한 번은 선생의 손녀 둘이 전염병을 앓아 병원에 입원했습니다. 이때 세 살 난 이회영 선생의 아들도 같은 병으로 입원을 합니다. 결국 연달아 두 손녀가 세상을 떠나고, 다음 날 아들도 가족

| 베이징 거주 당시의 이회영 선생 | 맨 왼쪽이 훗날 아버지 이회영 선생을 성심으로 보필했던 아들 이규창이고, 바로 옆이 아버지 시신을 수습한 딸 이규숙이다.

곁을 떠납니다. 조선 최고의 명문가 출신이라는 할아버지 이회영도, 남작이었던 외할아버지 조정구 대감도, 그저 힘없고 가난한 망명객일 뿐, 가엾은 어린 생명을 구하진 못했습니다.

이 칼로 너희 두 놈을 죽이고 가겠다

선생을 괴롭힌 게 비단 돈의 부족만은 아니었습니다. 사람의 변심도 가난 못지않게 이회영 선생과 가족을 괴롭혔습니다. 당시 베이징에는 독립운동을 한다면서, 남을 이용해 자신의 욕심을 채우려는 사람이 일부 있었다고 했습니다. 이와 관련해 주목할 일이 김달하 처단 사건입니다.

김달하는 독립운동을 하다 나중에 일제의 밀정이 된 인물입니다. 그는 중국에서 상당한 지위에 올랐는데, 이를 바탕 삼아 이회영 선생을 비롯한 민족 지사들과 교우할 수 있었습니다. 그런데 이회영 선생의 동지인 김창숙 선생을 통해 김달하가 조선총독부 밀정이라는 사실이 확인됩니다.

이에 의열단과 다물단이 그를 처단하기로 결정합니다. '의열'은 '정의로운 일을 맹렬히 행한다'는 뜻이고, '다물'은 '전진하고 용감하게 결단한다'는 의미입니다. 당시 일제 경찰은 다물단이 의열단과 거의 같다고 기록했습니다. 조선총독부 고관과 일제 경찰, 그리고 친일파를 벌벌 떨게 했던 의열단, 그리고 그에 버금가는 비밀 항일조직 다물단이 김달하 처단에 나선 것입니다.

이 작전에는 이회영 선생의 동생과 조카, 아들까지 가담합니다. 그리고 딸 이규숙 또한 김달하 집안의 동태를 살피는 일로 관련이 됩니다. 이규숙은 김달하의 딸과 친했기 때문입니다. 결국 이규숙은 이 사건으로 1년여를 경찰서에 붙잡혀 있어야 했습니다.

사건의 풍파는 그런데, 여기에 그치지 않습니다. '북경 3걸'로 불리며 둘도 없는 동지이자 벗으로 지내던 김창숙 선생과 신채호 선생이 이회영 선생에게 절교 편지를 보낸 것입니다. 이은숙 여사는 평소 김달하의 부인과 가까이 지냈기에 그 친분으로 문상을 갔습니

| 이은숙 여사 |

다. 그런데 두 선생은, 이회영 선생이 김달하의 죽음을 안타까워해 부인을 대신 보내 조문하게 했다고 오해를 한 것입니다.

이회영 선생은 헛웃음만 지을 뿐 별다른 항변은 하지 않았습니다. 하지만 상황이 그리 녹록지 않았습니다. 당시는 밀정으로 의심받을 경우 언제라도 목숨을 잃을 수 있는 위태로운 시기였기 때문입니다. 이때 선생의 부인이 나섭니다. 사실 이은숙 여사 입장에선 신채호 선생의 오해가 괘씸하고 서운할 만한 다른 사연이 있기도 했습니다.

이규창의 『운명의 여신』에 따르면 김창숙 선생과 신채호 선생이 베이징에서 함께 거주할 때 '매일매일 오셔서 부친과 다방면에 걸처 환담'을 했다고 합니다. 그만큼 세 분 사이는 각별했습니다. 그랬기에 이은숙 여사는 홀아비 처지의 신채호 선생을 위해 중매를 섰을 겁니다. 베이징에서 공부하던 박자혜 여사를 소개해 신채호 선생이 가정을 꾸릴 수 있게 도왔던 것입니다.

신채호 선생 또한 은혜를 잊지 않았습니다. 이규창이 학교에 입고 갈 교복이 없어 이은숙 여사가 상심할 때 자신의 승복을 기꺼이 내준 것입니다. 그것으로 교복을 만들어 입히라는 배려였습니다. 어려운 처지에 서로 의지하고 살았던 사이였기에 배신감이 더 컸을 수도 있겠습니다.

품에 칼을 숨긴 이은숙 여사는 아들 이규창을 데리고 두 분의 거처로 찾아갑니다. 그러고는 벽력같이 소리를 칩니다. 평소라면 남편의 둘도 없는 동지에게 어찌 큰소리를 칠 것이며, 반말을 할 수 있겠습니까.

우리 집안이 어떤 집안인 줄 알며, 말이면 다 하는가? 우리 영감의 굳세고 송죽松竹 같은 애국지심을 망해 놓으려고 하는 놈들, 김달하와 처음부터 상종한 놈들이, 저희가 마음이 졸여서 누구를 물고 들어가려고 하는가? 정말 바로 말 아니하면 이 칼로 너희 두 놈을 죽이고 가겠다.

고집이라면 조선 최고라고 할 만한 김창숙, 신채호 두 분은 이은숙 여사에게 결국 사과를 합니다. 김창숙 선생은 일제의 고문으로 앉은뱅이가 될 정도로 의지가 강했고, 신채호 선생은 일제와 어떠한 타협도 거부한 채 뤼순감옥에서 순국했던 분입니다. 단호함과 의기는 누구 못지않은 분들이 지아비 순종을 최고의 미덕으로 알던 조선 부인, 이은숙 여사에게 고개를 숙인 것입니다.

가슴에 품은 뜻 하늘에 사무쳐

이회영 선생 집안 여성 중 가장 큰 고생과 희생을 했을 이은숙 여사에 대해 조금 더 살피겠습니다. 새색시티를 채 벗지 못했을 결혼 2년째, 남편을 비롯한 집안 전체가 망명길에 올랐습니다. 조선 최고 명문가의 기득권을 버리는 순간이자 대갓집 며느리의 특권도 사라지는 순간이었습니다. 갓 태어난 딸을 업고 한겨울에 도착한 곳은 춥디추운 서간도였습니다.

그곳에서 신흥무관학교 학생들의 밥과 빨래를 했습니다. 그중에는 예전에 하인이었던 이들도 없지 않았습니다. 사대부가 며느리 노릇도 만만치 않겠지만 망명객의 안식구로서의 삶에는 비교할 수 없겠지요. 마적의 습격으로 총상을 입었을 때도 유일한 의지인 남편은 독립운동하느라 곁에 없었습니다.

베이징 시절, 없는 살림에도 남편 이회영을 찾아오는 숱한 손님들을 서운치 않게 대접하느라 이은숙 여사는 늘 마음 졸였겠지요.

| 합니하 | 신흥무관학교가 가장 오래, 가장 안정적으로 운영되었던 이곳에서 이은숙 여사는 모진 고난을 견뎌야 했다.

그러나 몸이 닳도록 바지런을 떨어도 살림은 점점 더 어려워졌습니다. 급기야 식구들 세 끼 먹을 것이 없을 정도로 생활은 위태로워집니다.

그때는 정말 뵙기 딱하고 가엾으시지, 하루 잘해야 점심 한 끼나 먹고, 그렇지 않으면 밥을 짓지 못하기를 한 달이면 반이 넘으니 살아 있음이 죽는 것만 못함이로다. 노소 없이 형용이 초췌한 중

대한제국의 고종은 '을사조약'이 강제 체결되었음을 알리고 국권회복의 염원을 국제사회에 호소하고자 1907년 헤이그 만국평화회의에 이상설·이준·이위종 세 명의 특사를 파견하였다. 그러나 이미 일본이 제국주의 열강으로부터 한국에 대한 지배권을 인정받은 상태였기 때문에 어느 나라도 한국의 독립을 지원하지 않았다. 결국 세 특사의 희망과는 달리 만국평화회의는 한국을 철저히 외면했다. 일본은 헤이그특사 파견을 '을사보호조약' 위반행위로 몰아 고종을 강제 퇴위시켰다. 특사로 파견되었던 이상설은 궐석재판에서 사형, 순국한 이준과 이위종은 무기형을 선고받았다. 고종을 강제퇴위 시킨 일제는 한일신협약(정미7조약)을 강요하고 대한제국의 군대를 해산시켜 주권침탈을 가속화했다.

이준 집터
李儁家址

| 이준 열사 집터 | 지하철 3호선 안국역 1번 출구 초입에 있는 이 표지석은 2017년에야 세워졌다. 헤이그 특사 파견, 이준 열사 순국 110년 만이다.

에 노인(이회영 선생)이 어찌 견디리오. 지금도 생각하면 가슴 아픈 일이다.

이번에도 이은숙 여사가 나설 수밖에 없었습니다. 여사는 임신한 채로 서울로 옵니다. 명문가였던 시댁 인척을 찾아 도움을 청하기 위해서입니다. 그러나 세월이 가니 인심도 변했습니다. 망국 후 몇 년이 지나자 독립운동의 지도자 이회영 선생을 다들 부담스러워하고 외면한 것입니다.

굶주리는 남편과 어린 자식을 생각하니 무슨 일이든 해야 했습니다. 고무공장에 취직해 일하고, 기생들의 옷을 만들어 주기도 하면서 푼푼이 모아 생활비를 보냈습니다. 한 가지 위로가 있었다면 헤이그에서 순국한 이준 열사의 부인과 함께 삯바느질을 하며 어려운 형편에 서로 의지한 일이었습니다.

베이징에서 서울로 올 때 이은숙 여사의 배 속에 있던 막내아들 이규동은 다른 방식의 아픔을 겪습니다. 그는 유복자가 아니면서도 아버지 얼굴을 단 한 번도 보지 못했습니다. 어려운 형편 때문에 베이징 방문을 차일피일 미루던 중, 아버지 이회영 선생이 순국했기 때문입니다. 이규동은 일곱 살 때 한 줌 재가 돼 조국으로 돌아온 아버지께 처음으로 인사드릴 수밖에 없었습니다.

가슴 아린 일도 적잖습니다. 이은숙 여사는 베이징에 편지를 부치기 위해 우체국에 갈 때면 먼 길을 걸어갔습니다. 전차 탈 돈이 없었기 때문입니다. 어린 아들은 전차를 보고 저게 무엇이냐고 묻습니다. 이은숙 여사는 멀리 갈 때 타고 가는 것인데 "너하고 엄마는 아버지한테 갈 때 저것 타고 가자."라고 답합니다. 이어지는 이은숙 여사의 기록입니다. "좋아라 하며 '칙칙폭폭' 기차 소리를 흉내 내면서, '나는 우리 아버지께 칙칙폭폭 하는 것 타고 간다.' 하고 자랑을 하는 걸 보고 웃었더니, 슬프다."

이은숙 여사는 자신의 일생을 『서간도 시종기』라는 책으로 정리했습니다. 집필을 완료한 1966년 3월 17일은 남편 이회영의 100번째 생일이었습니다. 팔순을 바라보는 노인이 각고의 노력으로 눈물겨운 기록을 남긴 것입니다. 처음부터 직접 책을 쓰려던 건 아닙니다. 해방 후 남편과 교우했던 이들에게 수차례 책 집필을 부탁했을 뿐입니다.

| 『서간도 시종기』 | 민족운동가 월봉 한기악 선생을 기리는 월봉저작상 제1회 수상작인 이 책의 저자 이은숙 여사에게 2018년 건국훈장 애족장을 추서했다.

그런데 한국전쟁으로 그렇지 않아도 부족한 자료들이 사라지고 책 출간도 유야무야되자 여사가 직접 나섭니다. 말로는 다 할 수 없는 파란만장한 삶이 모두 꿈만 같다던 여사는 오로지 남편에 대한 존숭과 그리움으로 책을 완성합니다. 그래서 훗날 재출간된 책 제목이 '가슴에 품은 뜻 하늘에 사무쳐'입니다.

조금도 조롱에 개의치 않는다

이은숙 여사가 떠난 후 이회영 선생은 톈진으로 이사합니다. 그런데 이곳에선 아들이 상상을 뛰어넘는 고초를 겪습니다. 톈진은

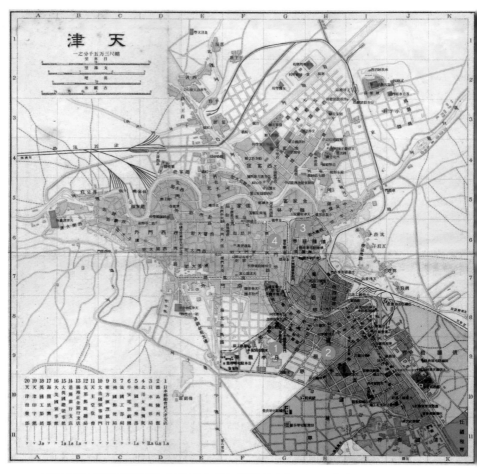

| 톈진 조계 | 제2차 아편전쟁의 패배로 톈진조약을 체결한 청나라는 1860년 톈진을 개항했고, 그후 하이허海河 양옆으로 조계지가 형성된다. ❶ 일본 조계 ❷ 프랑스 조계 ❸ 오스트리아 조계 ❹ 금탕교

상하이와 마찬가지로 열강의 조계租界가 설치되어 있었습니다. 조계
란 한 나라가 외국에 일시적으로 빌려준 자국 영토 일부를 뜻합니

다. 하지만 실제로는 제국주의 국가들이 제3세계 국가의 영토를 강제로 점유한 경우가 대부분이었습니다.

이회영 선생은 처음에 프랑스 조계 내 상당한 규모의 저택에 자리를 잡습니다. 상하이 임시정부가 프랑스 조계 내에 위치한 것처럼, 일본 경찰의 감시를 피할 수 있었기 때문입니다. 하지만 자금 지원이 끊기면서 다시 곤궁한 생활을 해야 했고, 몇 곳을 전전하다 다시 원래 살던 곳에 단칸방을 얻어 생활할 수밖에 없었습니다.

그럭저럭한 일상도 길게 이어지지 못합니다. 1926년 나석주 의사는 조선 경제를 수탈하는 데 앞장선 동양척식주식회사와 조선식산은행에 폭탄을 던지고 장엄하게 산화합니다. 일제 경찰은 사건 배후로 이회영 선생을 지목하고 체포에 나섭니다. 선생은 급히 두 딸을 고아원에 맡기고 아들만 데리고 몸을 피합니다. 아버지와 아들은 남쪽으로 뻗은 철길을 따라 무작정 걸었습니다. 목적지로 정한 곳은 약 1,800km 떨어진 상하이입니다.

사태가 잠잠해지자 선생은 톈진으로 돌아옵니다. 하지만 생활은 생존을 위협할 정도로 막막했습니다. 당시 톈진의 빈민가인 소왕장에 몸 누일 방 한 칸을 얻었지만 당장 먹을 것도 땔감도 없었습니다. 이번에는 이은숙 여사를 대신해 아들 이규창이 나섭니다. 그는 새벽 4시에 일어나 일본, 프랑스 조계로 가 석탄재를 주워 왔습니다. 때고 버린 석탄 찌꺼기 중에서 쓸 만한 것을 골라오는 것입니다. 그렇게 한겨울을 냉골에서 지내던 아버지를 돌보았습니다.

| 금탕교 | 화려한 석조건물이 선 자리가 오스트리아 조계지였고 사진을 촬영한 곳은 중국 빈민들이 살던 곳이었다.

한번은 끼니를 자주 거르던 이회영 선생이 금방 돌아가실 것처럼 힘이 없었습니다. 이규창은 이전에 알고 지내던 분을 무작정 찾아갑니다. 그리고 사정을 이야기한 후 돈을 얻어다 아버지께 고기 반찬과 밥을 해드립니다. 그야말로 추위와 굶주림에 죽음 직전까지 몰린 것입니다.

이회영 선생과 이규창이 살았던 인근에 금탕교는 지금도 건재합니다. 그리고 바로 옆에는 텐진의 인사동과 같은 풍물거리가 있어 기념품을 사는 여행객들로 늘 붐빕니다. 이회영 선생이 겪은 참

| 난카이중학교 |

혹함을 우리는 짐작조차 할 수 없지만 놓인 지 100년이 넘었다는 철제 다리만은 당시를 똑똑히 기억하고 있겠지요.

물론 당당하고 감동적인 사연도 있습니다. 이회영 선생은 그 어려운 시절에도 아들이 공부에 힘쓸 것을 권면합니다. 그래서 이규창은 12살 때 학교 입학을 위해 혼자 일주일간 배를 타고 상하이에 갑니다. 그러나 여러 사정으로 학교가 문을 열지 못하자 톈진으로 돌아올 수밖에 없었습니다. 여비는 김구 선생 등 여러 독립운동가 어른들이 마련해 주었습니다.

그러나 배움에 대한 열정은 식지 않았습니다. 이규창은 톈진의 명문인 난카이중학교 입학시험에 응시해 합격합니다. 그러나 학비가 문제였습니다. 어린 이규창은 교장을 찾아가 사정을 이야기합니다. 딱한 사정을 전해 들은 학교장 장보링張伯玲은 그가 무료로 학교에 다닐 수 있도록 배려해 줍니다.

그런데 어려움은 여기서 끝나지 않습니다. 베이징에서도 승복으로 교복을 만들어 입었는데, 톈진에서도 옷 때문에 곤란을 겪은 것입니다. 솜옷이 없던 이규창은 추운 겨울에는 얇은 한 겹 두루마기 안에 솜을 집어넣어 입고 다녔답니다. 그런데 체육 시간에는 두루마기를 벗을 수밖에 없었고, 솜이 드러나면 주위 학생들이 크게 비웃고 놀려 댔습니다. 이때 한 중국 선생님이 학생들을 꾸짖으며 이렇게 훈계를 합니다.

이규창은 조선인으로 아버지와 함께 일본 제국주의에 대항해 싸우며 독립운동을 하기 위해 중국에 온 학생이다. 이런 모양으로 학교를 다니면서도 조금도 너희들의 조롱에 개의치 않는다. 너희들이야말로 이규창의 당당한 태도를 배워야 할 것이다.

이회영 선생의
최후는 어떠했을까?

눈은 차마 감지를 못하시고

윤봉길 의사 의거로 한바탕 풍파가 일었던 1932년 상하이, 11월 초순 한 노인이 황푸강의 바람을 맞으며 배에 오릅니다. 아들로 보이는 청년은 큰절로 아버지를 배웅합니다. 두 사람 모두 이것이 이생에서의 마지막 만남이라는 사실을 알 리 없었습니다.

노인은 다롄을 통해 만주로 갈 계획이었습니다. 20여 년 전 가족 전체가 망명해 독립군 기지를 건설했던 그곳에서 다시 항일무장투쟁을 지도하기 위해서입니다. 만주의 정세는 급변하고 있었습니다. 1931년 만주사변을 조작한 일제는 청나라 마지막 황제 푸이를 허수아비 황제로 내세워 만주국을 세웁니다. 항일의 터전이 일제의 괴뢰국으로 바뀐 것입니다.

당시까지 중국인들은 일제 침략에 대체로 무관심했습니다. 워낙 광활한 영토를 갖고 있었고, 지방 군벌이 외세 못지않게 오랫동안

| 1930년대 와이탄 | 사진 속 이곳은 당시 공동조계 경내로 우리 독립운동가들에겐 적지나 마찬가지였다.

백성을 수탈했기 때문입니다. 하지만 만주 전체가 일제의 손아귀에 들어가자 위기감을 느끼고, 한국인들의 끊임없는 독립운동에도 영향을 받아 점차 항일투쟁에 나섭니다. 두 민족의 연합작전도 활발하게 전개되는데, 양세봉 장군의 조선혁명군이 대표적입니다.

　노인의 다롄행은 조선과 중국 두 항일 연합 세력을 지도하는 데 있었습니다. 그리고 '나는 살 만큼 살았고, 이제 남은 것은 동지들에게 이 늙은이도 항일전선에서 끝까지 싸웠음을 알리는 것이다.'라

| 현재의 와이탄 | 줄지어 선 석조 건물은 여전하지만 배가 정박할 수 있는 시설은 사라졌다.

는 마지막 전언은, 노인의 결심이 이미 생사를 넘어섰음을 짐작케 합니다.

초조하게 아버지의 도착 소식을 기다리던 아들은, 그러나 천만 뜻밖의 전보를 받습니다. 조선의 어머니로부터 온 소식이었습니다. 발신자도 의외였지만 내용은 더 충격적이었습니다. '11월 17일 부친 대련 수상경찰서에서 사망.' 아들은 다음과 같은 아버지의 말씀을 떠올렸지만 그게 현실이 되리라곤 전혀 예상치 못했던 터였습니다.

| **다롄 수상경찰서 건물** | 이곳 바로 앞은 여전히 항구로 기능하고 있다. 현재 관공서로 쓰이고 있어 어렵사리 내부를 둘러보고 몰래 사진을 찍어야 했다.

인간으로 세상에 태어나 누구나 자기가 바라는 목적이 있다. 이 목적을 달성한다면 그보다 더한 행복은 없을 것이다. 그러나 그 목적을 달성하지 못하였다 하더라도 그 목적의 달성을 위하여 노력하다 그 자리에서 죽는다면 이 또한 행복인 것이다.

국내 신문에도 노인의 죽음이 알려졌습니다. 그러나 심문 중에 목을 매 자살했다는 일제 경찰의 발표를 믿는 사람은 아무도 없었습니다. 당시 창춘에 살던 딸이 급히 다롄으로 갑니다. 일본 형사는 유품으로 노인이 입고 있던 중국식 겨울 두루마기와 모자, 신발만을 건네줍니다. 그리고 딸에게 아버지의 얼굴을 확인시킨 후 화장을 강권합니다. 고문 사실을 숨기기 위해서였을 겁니다.

짐작하겠지만 모진 고문 끝에 목숨을 잃은 노인은 이회영 선생입니다. 그러나 선생이 지도하려던 만주 지역 독립운동 단체는 이 일로 전혀 해를 입지 않았습니다. 무자비한 고문에도 환갑을 훌쩍 넘긴 선생이 어떤 발설도 하지 않았기 때문입니다. 『서간도 시종기』는 그 기막힌 선생의 마지막을 다음과 같이 기록하고 있습니다.

형사가 시키는 대로 시체실에 가서 저의 부친 신체를 뵈었다. 옷을 입으신 채로 이불에 싸서 관에 모셨으나 눈은 차마 감지를 못하시고 뜨신 걸 뵙고 너무나 슬픔이 벅차 기가 막힌데, 형사들은 재촉을 하고 저 혼자는 도리가 없는지라, 하는 수 없이 시키는 대로 화장장에 가 화장을 하고 유해를 모시고 신경으로 왔으니, 슬프도다.

극비리에 추진되었던 선생의 만주행은 어떻게 발각되었을까요? 여기에는 서글픈 사연이 있습니다. 다롄으로 떠나기 직전 이회영 선생은 작별인사를 하러 형님 이석영 선생을 찾습니다. 어쩌면 마지막이 될 수도 있다는 예감 때문이었을 겁니다. 동생인 자신의 뜻

| 요코하마항과 다렌항 제휴 10주년 기념비 |

에 따라 모든 재산을 기꺼이 내놓고 극도의 가난과 고통을 감수하고 있는 둘째 형님에게만은 인사를 드리는 게 도리라고 생각했을 겁니다.

그런데 그 자리에 이석영 선생의 아들 이규서가 있었습니다. 조카인 이규서가 작은아버지를 일제에 직접 밀고하지는 않았을 겁니다. 다만 이 사실이 상하이 거류민단장 이용로에게 흘러 들어가고 그는 일제에 이 '고급 정보'를 넘깁니다. 그는 3년 후 이회영 선생의 아들이자 독립투사 이규창에 의해 처단됩니다.

| **뤼순감옥** | 뤼순감옥의 공식명칭은 '여순일아감옥구지旅順日俄監獄舊址'로 '뤼순 일본 러시아 감옥 옛터' 정도가 된다. 러시아가 처음 세우고 일본이 증축했던 역사를 담은 이름이다.

이회영 선생이 다롄에 도착하자마자 체포돼 끌려간 당시 수상 경찰서 건물은 지금도 건재합니다. 그런데 이곳에는 장탄식과 헛웃음을 자아내는 '기념비'가 있습니다. 일본 요코하마항과 다롄항의 제휴 10주년을 기념해 '우호의 증거'로서 요코하마 시장이 기증한 조형물입니다.

전쟁과 갈등의 시기를 극복하고 평화와 화해를 증진하는 일이 서운할 것도 꺼려할 일도 아닙니다. 다만 이회영 선생이 붙잡혀 고초를 당한 이곳에, 직접적 피해 당사자인 한국을 빼놓고 중국과 일

| 뤼순감옥에서 순국하신 세 분의 선열 | 왼쪽부터 안중근 의사, 이회영 선생, 신채호 선생이다.

본이 가까운 관계임을 선언했다는 사실이 당혹스러울 뿐입니다. 진정한 화해는 피해자에게 용서를 구하는 일에서 시작되어야 합니다.

다행히 선생이 고문 중에 순국한 뤼순감옥은 체포된 곳과는 다릅니다. 일제의 만행을 증거하고 평화를 염원하는 역사교육의 장으로 활용되고 있기 때문입니다. 뤼순감옥 특별전시장에는 이곳에서 1910년 순국한 안중근 의사와 1936년 순국한 신채호 선생과 함께 이회영 선생의 흉상이 자랑스럽게 서 있습니다.

아직은 나 있는 곳에 못 오네

나라가 망하던 해 압록강을 건넜던 이회영 선생은 한 줌의 뼛가루가 돼서야 조국으로 돌아올 수 있었습니다. 1932년 11월 28일, 경의선 장단역에 선생의 유해가 도착합니다. 동지 몇 명은 평양역까지 가 선생의 장남 이규룡이 모시고 온 유해를 맞습니다.

부인 이은숙 여사를 비롯한 가족들은 하루 전 미리 와 장례 준비를 하고 있었습니다. 그런데 그날은 바람이 몹시 불고 매우 추웠답니다. 영결식장에 쳐둔 병풍과 차일이 다 날아가면서 큰 혼잡이 빚어졌습니다. 그곳에 모인 이들은 이회영 선생의 영혼이 원통하여 이같이 큰바람이 분다며 다들 더욱 슬퍼했다고 합니다.

영결식에서 이은숙 여사가 읽어 내려간 제문은 다시 많은 이들의 눈시울을 적셨습니다. 여사는 11월 18일 꿈에 선생을 뵈었다고 했습니다. 오색 비단옷을 입고 집 안으로 들어오는데, 사람 같지가 않고 신선 같더랍니다. 그날 밤에 화를 당한 선생이 자신의 원한을 말하고 마지막 인사를 하고자 꿈속에 부인을 찾아왔던 것일까요? 꿈속에서나마 두 분이 마지막 대화를 나눌 수 있었다니, 그나마 다행입니다.

"제가 당신을 따라가겠습니다."

"아직은 나 있는 곳에 못 오네."

| **이회영 선생 묘소** | 이은숙 여사와의 합장묘다.

그러나 선생의 묘소는 지금 그곳에 없습니다. 당시의 개성군 송산리, 지금의 파주시 장단면에 있었던 묘소는 해방 후 오히려 쉽게 접근할 수 없는 곳이 돼버렸습니다. 한국전쟁이 끝난 후 민간인 통제구역이 됐기 때문입니다. 성묘가 어려워진 유족은 정부 기관과 이장을 합의합니다. 그러나 정작 선생의 묘소를 찾을 수 없었습니다. 휴전선 어름의 이곳은 전쟁 때 격전지였기에, 포탄을 맞고 사라졌는지 묘소가 흔적도 없이 사라져 버렸답니다.

| **장단면** | 철제 전신주 사이가 장단역이 있던 자리고 뒤쪽으로 보이는 산자락은 북한이다. 이곳 어딘가에 이회영 선생의 묘소가 있었으리라.

조국의 독립을 위해 일제와 쉼 없이 싸우다, 일제 경찰서에서 고문당하고, 일제 감옥에서 순국한 선생은 그렇게 조국 땅에서도 온전히 쉴 수 없었습니다. 일경의 강압으로 화장돼 유골로 고국에 묻힌 선생은, 그러나 또 다른 의미의 망국이라고 할 동족 간의 전쟁으로 뼛가루조차 온존치 못했던 것입니다. 그래서, 참으로 가슴 아프게도, 현충원 애국지사묘역 선생의 묘는 빈 무덤입니다.

안타깝고 죄스러운 마음에 선생의 유해가 도착했다는 장단역을

| 장단역 증기기관차 | 1950년 12월 31일 장단역에 멈춰 선 이 증기기관차에는 1,020여 개의 총탄 자국이 있다고 한다.

찾았지만 지금은 갈 수 없는 곳입니다. 현재는 장단역의 전역인 도라산역이 민간인이 출입할 수 있는 최북단 역입니다. 도라산역 전망대에서 장단역과 묘소가 있었을 서쪽을 바라봅니다. 걸어서 그곳에 자유롭게 갈 수 있는 날이, 이회영 선생이 그토록 염원하던 온전한 조국 해방의 날임을 결코 잊지 말아야겠습니다.

아쉬움을 달래기 위해 임진각 평화누리공원으로 향합니다. 보존처리를 끝내고 전시 중인 녹슨 열차 한 대를 보기 위해서입니다. 한국전쟁 당시 평양으로 향하다 급히 방향을 틀어 남쪽으로 후진하던 증기기관차는 폭탄과 천여 발의 총탄을 맞고 탈선합니다. 그리고 오랫동안 비무장지대에 방치돼 남북 분단의 상징이 되었습니다. 이 열차가 애초 멈춰 선 곳이 장단역입니다.

강화학 최후의 광경

이회영 선생의 이토록 놀라운 삶은 어떻게 가능했을까요? 시간을 돌려 한 장면을 재구성해 봅시다. 을사늑약 직후인 1906년, 해외 독립운동 기지 건설을 위해 이상설 선생이 북만주 용정으로 떠납니다. 타국에서 외롭게 지내며 고생하는 건 누구도 원치 않는 일이지만 조국과 민족이 처한 상황을 생각하면 이것저것 따질 상황이 아니라는 게 이상설 선생의 생각이었을 겁니다.

무거운 책임을 지고 홀로 길 떠나는 벗을 이회영 선생이 전송합니다. 아마 두 선생의 눈에는 한강 물이 일렁거리듯 눈물이 가득했을 겁니다. 그런데 이상설 선생 또한 젊은 시절 처절한 마음으로 송별했던 이가 있었습니다. 조선 500년 최고의 천재로 불리는 양명학자 이건창 선생입니다.

15세에 과거에 합격해 일찍 벼슬에 나가고 청나라에 사신으로 가 국제 정세에도 밝았던 이건창 선생은 그러나 망국의 길목에서 낙향을 선택합니다. 관료로서 자신이 할 수 있는 일이 없다고 판단했기 때문일 겁니다. 하지만 나라가 위기에 처한 때에 임금은 전통적 충절과 국제적 안목을 갖춘 그가 필요했습니다.

| 이건창 선생 묘소 | 그 흔한 표지석 하나 없어 찾기가 무척 어렵고 앞이 막혀 답답하다.

여러 번 벼슬을 내리지만 번번이 명을 따르지 않자 고종은 최후 통첩을 합니다. 해주 관찰사 부임과 유배 중 하나를 선택하라고. 이 건창 선생은 귀양을 택했고 새벽 남대문이 열리자 귀양길에 오릅니 다. 그때 조촐한 술상을 차리고 스승의 안위를 걱정했던 이가 청년 이상설이었습니다.

이건창 선생의 의기는 할아버지 이시원 선생의 삶을 보면 이해 가 됩니다. 이시원 선생은 병인양요 당시 외적의 침략과 외규장각 침탈을 막지 못한 책임을 통감하며 동생과 함께 자결한 분입니다. 당시 벼슬에서 물러난 칠십 노인인 그가 조선 선비로서의 무한책임

| **이건창 선생 생가** | 이건창 선생의 생가 명미당明美堂 앞에는 350년 수령의 측백나무가 장하게 서 있다.

을 다한 것입니다.

양명학은 겉만 그럴듯한 이름보다 자기 내면의 알찬 마음을 더 강조합니다. 자기 확신이 있기에 그들은 변화를 두려워하지 않습니다. 이는 자연스럽게 개방적이고 혁신적 사고로 이어집니다. 또한 양명학자는 일의 성패나 이해관계보다 옳고 그름, 그리고 과정을 중시합니다.

양명학은 개인의 주체성도 중시했는데, 국가와 민족이 위기에 처했을 때 이는 자연스럽게 민족적 주체 의식으로 확장되었습니다. 그 결과 양명학을 공부한 이들은 자신뿐만 아니라 시대와 이웃에

| 이시원 선생 묘소 |

대해서도 무한책임을 다했습니다. 이시원 선생이 자결을 통해 도덕적 책임을 다하고, 이건창 선생의 동생 이건승 선생이 학교를 세워 인재를 기른 것도 이 때문이겠지요.

이성과 지혜를 밑받침으로 한 정열

전통적 양명학을 공부한 이회영 선생이 훗날 수용한 서구 사상이 아나키즘입니다. 이회영 선생은 자신을 아나키스트로 보는 이들에게 이런 요지로 말한 적이 있습니다. '우리 독립운동의 현실로 보아 아나키즘이 가장 실제적인 이론이며 적절한 방법론이라고 할 수 있다. 그리고 모든 독립운동가는 아나키즘을 실천하고 있다고 할 수 있다. 왜냐하면 누구나 자신의 자유의사에 따라 결정하고 행동하기 때문이다. 그것이 바로 아나키즘인 것이다.'

아나키즘은 집중된 권력을 인정하지 않습니다. 따라서 독단적 지도자가 있을 수 없습니다. 오히려 누구나 지도자가 될 수 있는 가능성을 열어 둡니다. 사람은 누구나 평등하다는 생각이 아나키즘에는 강하게 깔려 있는 것입니다. 이는 신분 질서가 엄격했던 조선 시대, 신분제의 최대 수혜자였음에도 남다른 평등 의식을 보여 준 이회영 선생의 사상과 삶에 그대로 겹칩니다.

그랬기에 이회영 선생은 나라를 되찾는 일에만 그치지 않고 새로 만들어질 나라에 대한 비전도 제시했습니다. 선생은 일제 침략자를 몰아내는 것이 시급한 과제지만 그에 못지않게 중요한 일이 있다고 생각했습니다. 일제로부터 해방된 조국을 다시 소수의 권력자가 차지한다면 이는 진정한 의미의 해방이라고 할 수 없다는 것입니다. 이회영 선생은 일제 지배로부터의 해방뿐만 아니라 모든 독재적 권력으로부터의 해방을 꿈꾸었던 것입니다.

이회영 선생은 당시 대표적인 아나키스트이자 혁명가인 크로포트킨의 사상도 정확히 이해하고 있었던 듯합니다. 그는 생명의 본질이 무한 경쟁에 있다는 다윈의 주장을 비판하면서, 서로 돕는 것이 오히려 생명체의 본질에 가깝다고 주장했습니다. 청년 김종진과의 대화 중에 크로포트킨의 『상호 부조론』의 핵심을 갈파합니다. 그야말로 '이지理智(이성과 지혜)를 밑받침으로 한 정열'이라 할 만합니다.

> 인간은 선사시대부터 상호부조하고 협동 노동하는 사회적 본능
> 이 있어 왔네. 때로는 이기적 투쟁도 하지만 그보다는 양보와 협
> 동으로 상호 간에 더 큰 이익을 보았을 뿐만 아니라 고립해서는
> 생을 유지하지 못한다는 것을 아는 까닭에 충돌과 투쟁을 피하
> 고 타협과 이해로써 생존의 본질적 문제를 해결해 왔고, 현재도
> 그렇다네.

이회영 선생의 삶은 이런 여러 가르침에 바탕을 두고 있습니다. 선생은 열린 사고를 했기에 시대 변화에 적절히 대응할 수 있었습니다. 특권을 갖고 태어났지만, 기꺼이 이를 포기하고 누구나 평등하게 대했습니다. 그리고 결과에 연연하지 않았기에 항일투쟁 과정에서 끝없는 기획과 도전을 할 수 있었습니다. 외교를 통한 구국 운동과 백성을 깨우치는 계몽운동, 그리고 독립 전쟁 준비를 위한 무관학교 운영과 직접행동에 나서는 의열투쟁까지, 거의 모든 방식의 독립운동이 이회영 선생을 통해 시도됐습니다.

정성이 하늘을 움직였다

이제 살아남은 이들의 남은 이야기를 전합니다. 이회영 선생을

| **환국 직전 상하이에서의 이시영 선생** | 충칭에서 해방을 맞은 임정 요인들은 바로 환국하지 못하고 상하이에서 20여 일을 머물러야 했다. 이 사진은 원래 동영상으로 당시 임정 공보 담당자였던 고 김준엽 총장이 촬영한 것이다. 1980년대 초반 이종찬 원장이 국회의원 선거에 나섰을 때 김준엽 총장이 제공한 것이다. ① 이시영 선생 ② 김구 선생 ③ 김규식 선생 ④ 조완구 선생 ⑤ 안미생 여사 ⑥ 조계진 여사 ⑦ 이종찬 전 국정원장

비롯한 네 명의 형제는 광복을 맞은 조국을 보지 못했습니다. 형제 중 단 한 사람만이 해방된 조국에 발 디딜 수 있었습니다. 대한제국, 대한민국임시정부, 그리고 대한민국에서 모두 관직에 오른 유일한 분인 이시영 선생입니다.

1945년 11월 5일, 상하이에서 찍은 사진 한 장을 봅시다. 화환을 건 김구 선생과 활짝 웃는 일행 사이로 눈물을 훔치는 중절모 쓴 노인, 이시영 선생이 보입니다. 망국 직전 모든 재산을 팔아 가족 전체가 망명하고, 나라를 되찾는 데 전심전력하길 36년, 살아 고국으로 되돌아온 이는 6형제 중 자신뿐이었으니, 어찌 눈물이 흐르지 않겠습니까.

이시영 선생은 환국기념 서명포에 정성이 하늘을 움직였다는 뜻의 惟誠動天유성동천, 네 글자를 적었습니다. 그 정성이 비단 자신만의 정성이라고 선생은 생각하지 않았을 겁니다. 형님 이회영을 비롯해 집안 전체의 성심을 대표로 적었을 것입니다. 그러니 이 글을 쓸 때 어찌 넷째 형 이회영 선생만 떠올랐겠습니까.

몸이 약해져 고국으로 돌아와 선산을 돌보며 살았지만 독립운동하는 동생들 때문에 죽을 때까지 일제 경찰의 감시를 받았던 만형 이건영, 가장 많은 재산을 독립운동 자금으로 내놓았지만 아들 둘을 잃고 당신은 지독한 가난 중에 삶을 마감했던 둘째 형님 이석영, 경학사 사장과 신흥강습소 교장을 맡았지만 중국에서 병사한 셋째 형님 이철영, 그리고 무장투쟁에 직접 나섰다 훗날 일제 경찰에게 가족 전체가 무참히 살해된 것으로 알려진 막내 이호영, 한사람인들 눈에 밟히지 않았겠습니까.

해방된 대한민국도 6형제를 잊지 않았습니다. 이건영 선생께는 건국훈장 애족장, 이석영, 이철영 선생께는 건국훈장 애국장, 이회영 선생께는 건국훈장 독립장, 이시영 선생께는 건국훈장 대한민국장, 그리고 이호영 선생께는 건국훈장 애족장을 추서했습니다. 이는 대한민국이 6형제의 용기와 희생에 감사하고 영원히 기억하겠다는

| 부통령에 취임하는 이시영 선생 |

약속일 겁니다.

이시영 선생은 국토를 회복해 재건된 대한민국에서 초대 부통령으로 취임합니다. 이는 비단 개인의 영광에 그치지 않았을 겁니다. 형수인 이은숙 여사는 이 일을 이렇게 기록했습니다.

아우님 성재장(이시영 선생)이 생존하시며 금의환향으로 조국에 오셔서 우리 바라던 태극기를 다시 보시고 새 나라 건설 중에 부통령으로 친히 나가시게 되니, 가군(이회영 선생)의 원혼이 계신다면 만분의 일이라도 위로가 되셨을까?

| 이시영 선생 묘소 |

　그런데 해방된 조국에서 이시영 선생이 영광만 누린 건 아닙니다. 한국전쟁이 발발하자 선생은 서울에 남아 시민과 함께 국난을 극복하고자 했습니다. 하지만 아들과 비서의 간곡한 권유로 피란길에 오릅니다. 한강철교가 끊기기 직전의 일입니다. 대한민국의 부통령이었음에도 말입니다.

　부산 피란 중 선생은 대통령에게 부패한 정치에 대해 수차례 충언하지만 받아들여지지 않습니다. 결국 이승만 측근들의 비리로 국민방위군 사건이 발생하고 이로 인해 수만 명의 청년들이 굶어 죽

| **이시영 선생 동상** | 남산 백범광장에 위치한 이 동상은 이회영 선생의 손자 이종찬 전 국정원장이 세웠다. 환국 후 다른 길을 간 김구 선생과 이시영 선생이 하늘나라에서라도 화해하기를 바라는 마음에서 김구 선생 동상이 있는 공간에 세웠단다.

고 얼어 죽습니다. 하지만 조사와 처벌은 제대로 이뤄지지 않았습니다. 이에 이시영 선생은 부통령직을 사퇴합니다. 부패한 권력에 대한 저항이자 국민에 대한 도덕적 책임이었습니다.

1953년 피난 수도 부산에서 선생은 서거합니다. 당시는 국립묘지가 마련되지 않았기에 선생은 북한산 자락에 모셔집니다. 그런데 선생의 묘소를 국가가 아닌 며느리가 40년간 돌보았습니다. 묘소 가는 길옆 초라한 무허가 집에 살면서 말입니다. 조국을 찾는 투쟁은 의무이지 결코 권리가 아니라고 이회영 선생의 손자는 말했다지만 너무도 참혹한 현실이었습니다.

죄스러운 마음을 덜기 위해 남산 백범광장을 찾습니다. 김구 선생은 서서, 이시영 선생은 앉아서 여전히 조국 대한민국을 따뜻한 눈길로 더듬고 있는 곳입니다. 이곳에 가려거든 상동교회에서 시작해 쌍회정雙檜亭터를 거쳐 가길 권합니다. 이회영, 이시영 형제가 벗들과 함께 나라의 현재와 미래를 걱정하며 자주 모임을 가졌던 곳이기 때문입니다. '한번의 젊음을 어찌할 것인가.'

독립운동가의 영광된 상처

이규창 선생은 아버지를 죽음으로 내몬 친일파 이용로를 처단한 일로 체포됩니다. 13년 형을 선고받고 감옥살이를 시작한 곳이 서대문형무소입니다. 지금도 서대문형무소역사관에는 이규창 선생이 고문당한 일을 증언하는 영상이 나옵니다. 해방이 돼서야 감옥문을 나설 수 있었던 이규창 선생, 그야말로 이회영 선생 집안은 최후까지 항일투쟁의 최선봉에 섰던 것입니다.

이규창 선생은 얼굴에 큰 흉터가 있습니다. 서간도에서 태어난 지 얼마 되지 않아 마적의 습격을 받았을 때 숯불 화로에 데어 생긴 상처입니다. 해방이 되자 주변의 도움으로 성형수술을 받았지만 실패합니다. 유명한 성형외과 의사를 소개받아 다시 수술을 상의하지

| 이규창 선생과 정문경 여사 결혼사진 |

만 이규창 선생은 수술을 거절했다고 합니다. 장인이 독립운동가의
영광된 상처라고 하시던 말씀이 생각나서였답니다.

사위에게 그런 말씀을 한 장인어른은 누굴까요? 정이형 선생입
니다. 선생 또한 서간도에서 무장투쟁을 이끌다 19년간 옥고를 치
렀고, 해방 후에는 과도입법위원과 반민특위 위원장을 지낸 걸출한
항일 투사입니다.

정이형 선생의 아내는 딸과 이규창 선생과의 결혼을 반대했답
니다. 독립운동가 사위가 가족보다는 국가와 민족을 위해 살 것이
라 짐작했기 때문이겠지요. 남편 정이형 선생이 평생 조국의 독립

| 서대문형무소역사관 | 인왕산 선바위 인근 바위에 올라야 서대문형무소역사관 정면을 한눈에 조망할 수 있다.

을 위해 살았고 그래서 가족이 감내해야 했던 희생을 누구보다 잘 알기에 이를 다시 딸에게 물려주고 싶지 않은 어머니의 마음이었을 겁니다.

이규창 선생은 아내 정문경 여사와 함께 현충원 애국지사묘역에 안장돼 있습니다. 평생 모셨던 아버지 곁에 묻힌 것입니다. 아버지 이회영 선생은 아들 이규창에 대해 이렇게 칭찬하는 글을 아내에게 보낸 적이 있습니다. '내 일생에 참다운 동지가 없어 자식이라도 참다운 동지가 있기를 소원하였더니, 우리 규창이가 동지요, 효자라.' 같은 공간에 장인 정이형 선생도 잠들어 있습니다.

| 정이형, 이규창 선생 묘소 | 정이형 선생 묘비석 아래 이런 글귀가 적혀 있다. '왜인 판사가 직업이 무엇이냐고 물었을 때 독립운동가라고 엄숙하고 당당하게 말씀하셨다.' 이규창 선생 묘소는 정문경 여사와의 합장묘이다.

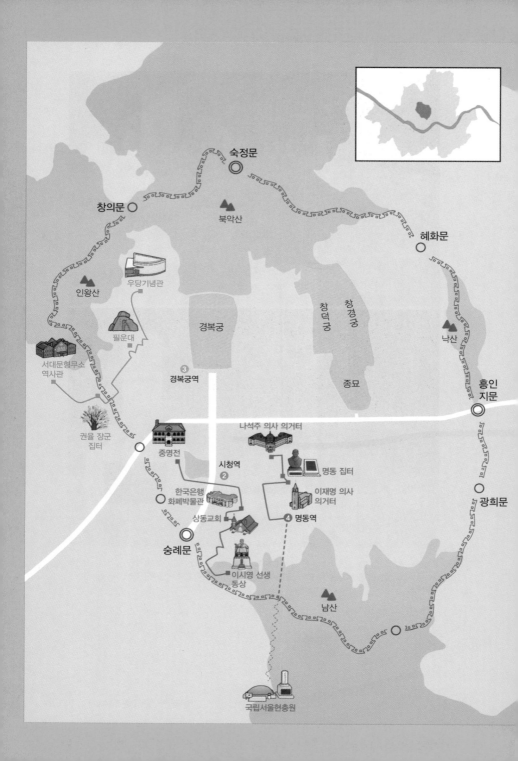

2부

그는 흔적을
남기지 않았다

동서 역사상 나라가 망한 때 나라를 떠난 충신 의사가 수백, 수
천에 그치지 않는다. 그러나 우당 일가족처럼 6형제와 가족 40
여 명이 한마음으로 결의하고 나라를 떠난 일은 전무후무한 것
이다. 장하다! 우당의 형제는 참으로 그 형에 그 동생이라 할 만
하다. 6형제의 질의는 참으로 백세청풍百世淸風이 될 것이니 우리
동포의 가장 좋은 모범이 되리라.

1코스

우당기념관에서
서대문형무소역사관까지

우당기념관

도보 20분

필운대

도보 30분

권율 장군 집터

도보 20분

서대문형무소역사관

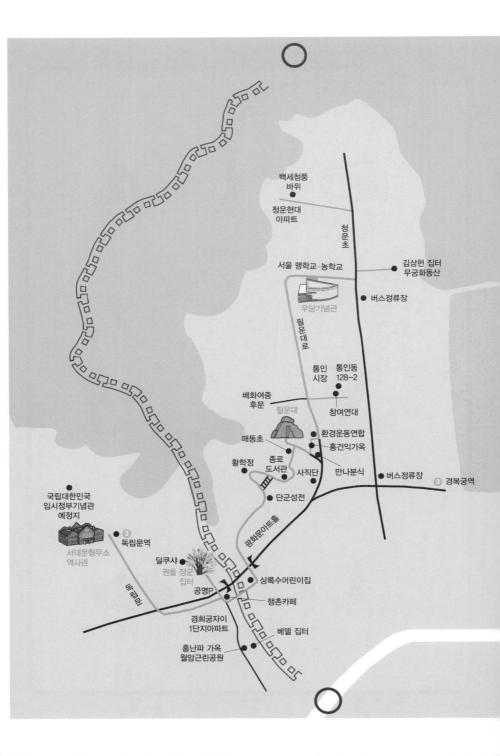

백세청풍
바위

청운현대
아파트

청운초

서울 맹학교·농학교

김상헌 집터
무궁화동산

우당기념관

버스정류장

필운대로

통인
시장

통인동
128-2

배화여중
후문

필운대

참여연대

매동초

환경운동연합

홍건익가옥

황학정

종로
도서관

사직단

만나분식

버스정류장

경복궁역

단군성전

국립대한민국
임시정부기념관
예정지

광학문아트홀

독립문역

서대문형무소
역사관

독립문

딜쿠샤

권율 장군
집터

공영P

상록수어린이집

행촌카페

경희궁자이
1단지아파트

베델 집터

홍난파 가옥
월암근린공원

이회영 선생 동상을 만나다

우당기념관

주소	서울 종로구 필운대로 10길 17
관람시간	평일 09:00 ~ 18:00, 토요일 1시까지
휴관일	일요일, 공휴일

청계천 상류 지역 인왕산 기슭에 우당기념관이 있습니다. '우당 友堂'은 이회영 선생의 호입니다. 벗이 모이는 집이라는 뜻이겠지요. 이회영 선생의 베이징 집이 독립운동가들의 집결지이자 누구나 쉬어 가는 곳이었던 것처럼 우당기념관도 선생과 가족들, 애국지사들이 한자리에 모인 사랑방 같습니다.

○ 3호선 경복궁역 3번 출구로 나가 버스(1020, 1711, 7016, 7018, 7022, 7212)를 타고 청운효자동 주민센터에서 내립니다. 횡단보도를 건너 우당기념관 표시를 따라 250m 가면 도로 한복판, 우당기념관과 서울맹학교 사이에 은행나무가 보입니다.

우당기념관에 들어서면 정면에 이회영 선생의 흉상이 보입니다.

| 이회영 선생 | 가로 4.5cm, 세로 6.8cm로 명
함보다 작은 크기다.

실제 모습을 알 수 있는 몇 장의 사진을 찾아볼까요? 그중 초상 사
진은 여러 크기로 전시되어 있지만 실제는 명함보다 작습니다. 책
표지 등에 많이 쓰이는 사진이죠.

　이회영 선생이 집안의 어린 자녀들과 베이징 집에서 찍은 사진
도 찾아보세요. 이회영 선생의 오른쪽에 안겨 있는 아기는 손녀입
니다. 둘째 아들 이규학 선생과 조계진 여사의 큰딸이죠.

　1부에서 소개한 것처럼, 1925년 베이징에 전염병이 돌았을 때
사진 속의 손녀가 세상을 떠납니다. 사진에는 없지만 선생의 세 살
난 아들과 이규학의 둘째 딸도 연달아 병에 걸려 한꺼번에 세 아이

를 잃습니다.

이회영 선생의 아내 이은숙 여사는 『서간도 시종기』라는 자서전에서 처참했던 그때를 이렇게 기록합니다.

이런 망창한 일이 있으리오. 그 참혹함은 목불인견이라, 말하기도 끔찍하도다.

'망창'은 '뜻밖에 큰일을 당하여 아득하다', '목불인견'은 '눈으로 차마 볼 수 없다'라는 뜻입니다. 마음에 서린 아픔과 고통을 어찌 말로 표현할 수 있을까요?

이은숙 여사는 이 책을 일흔이 넘은 나이에 그것도 7년에 걸쳐 이회영 선생과 가족들의 삶을 기록했습니다. 이 책이 아니었다면 이회영 선생도 숱한 독립운동가들처럼 잊혔을지도 모릅니다. 이은숙 여사는 여성 독립운동가로도 인정받았습니다. 2018년 대한민국 역사문화원은 여성 독립운동가 202명을 새롭게 발굴해 발표했고, 이은숙 여사를 포함한 26명이 광복절 유공자 포상을 받았습니다.

우당기념관에서 꼭 봐야 할 것은 묵란입니다. 이회영 선생이 남긴 몇 안 되는 유품이기도 하고, 고결한 인품과 삶의 고뇌를 느낄 수 있기 때문이지요. 오랫동안 우당기념관을 지키고 있는 황원섭 이사는 하루에 겨우 한 끼를 드시면서 독립의 그날을 기다리며 난을 쳤을 이회영 선생을 생각할 때마다 목이 멘다고 합니다.

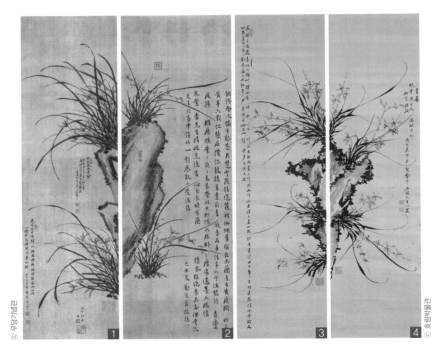

| 우당란과 석파란 | ①②는 이회영 선생 묵란, ③④는 석파 이하응의 〈석란도〉다.

난은 그린다고 하지 않고 친다고 하지요. 왜 그런지 아세요? 난
잎을 보세요. 휘어진 부분을 보면 난 잎을 친 것 같지요. 고통을
도려낸다는 의미지요. 선생은 추사 김정희의 난을 혼자 독파하
고, 흥선대원군과 거의 흡사하게 난을 치셨어요. 난을 쳐 생계를
유지하거나 독립 자금으로 사용하였는데 당시 난을 사던 사람들
도 석파石坡 대원군의 난이 아닌 줄 알면서도 샀다고 하더라고요.

| 가을 百世淸風^{백세청풍} 각자 |

그런데 선생의 난과 석파란은 차이점이 있어요. 바로 흙이에요.
흙은 조국을 의미하지요.

후대 사람들에게 여전히 감동을 주는 선생의 삶은 과연 '백세청
풍'이라 일컬을 만합니다. 우당기념관에서 10여 분 거리에 병자호
란 때 순국한 김상용 선생이 '百世淸風^{백세청풍}' 네 글자를 새긴 바위가
있습니다.

| 김상헌 선생 시비와 집터 표지석 | 김상용, 김상헌 두 형제가 길을 사이에 두고 살았던 것이다.

청운효자동 주민센터에서 내려 횡단보도를 건너 오른쪽으로 가면 청운초등학교가 있습니다. 청운초 끝자락에서 왼쪽 청운현대아파트 쪽으로 올라가면 글씨 새겨진 바위 옆에 멋진 단풍나무가 보입니다. 맑은 바람이 부는 계곡이라는 의미로 청풍계清風溪라 불리던 이곳은 단풍나무골을 뜻하는 풍계楓溪라고도 했답니다.

청운초 건너편 무궁화동산으로 들어가면 동생 김상헌 선생의 시비와 집터 표지석도 만날 수 있습니다.

답사 가이드

★ 문을 열고 들어서면 맨 먼저 이회영 선생의 흉상이 우리를 맞습니다. 비슷한 동상이 두 곳에 더 있습니다. 선생이 사셨던 명동 집터와 순국하신 뤼순감옥입니다. 무심히 지나치지 말고 선생 뵙듯 인사하고 들어가면 어떨까요!

★ 우당기념관에는 이회영 선생의 뜻뿐만 아니라 몸도 여전히 살아 계십니다! 자손을 통해 말이지요. 선생의 손자 이종찬 원장이 우당기념관 위층에 지내는데요, 아마 만나기 어렵겠지요. 대신 1부에서 소개한 환국 기념으로 상하이에서 찍은 김구, 이시영 선생 사진을 찾아보세요. 거기에 소년 이종찬이 똘망똘망한 얼굴로 밝게 웃고 있습니다.

우리 할아버지 살던 옛집
필운대

주소	서울 종로구 필운대로 1길 34
배화여중 후문 개방 시간	06:00~09:00, 15:30~18:00

📍 필운대로를 따라 이항복 선생의 집터 '필운대'에 가다 보면 엽전도시락으로 유명한 통인시장을 지납니다. 잠시 골목으로 들어가 볼까요? '금강산도 식후경'이라지만, 우리가 찾아갈 곳은 통인시장이 아니라 통인동 128번지(현재 128-2번지)입니다. 자하문로 9길 큰길가에 있는 참여연대 뒷골목에 가면 낡은 대문 앞에 소나무 여섯 그루가 선 집이 보입니다.

이곳은 이회영 선생의 제자 윤복영 선생의 옛집입니다. 1913년 이회영 선생이 국내에 들어왔을 때 윤복영 선생은 은신처를 제공했습니다. 이은숙 여사가 임신한 몸으로 베이징에서 국내로 들어왔을 때도 가장 힘이 되어 준 분이

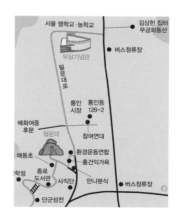

| 윤복영 선생 옛집 | 윤복영 선생 옛집으로 알려진 곳으로 특이하긴 하지만 여섯 그루 소나무는 최근에 심어진 것이다.

윤복영 선생과 가족들입니다. 이은숙 여사는 이 집의 사랑채를 빌려 하숙을 치며 생활하기도 했죠. 지금은 아무 흔적도 남아 있지 않지만 쉽게 자리를 떠나지 못하고 서성이게 되는 곳입니다.

골목길에서 나와 다시 필운대로를 따라 걷다 보면 환경운동연합이 보입니다. 카페 '회화나무'가 먼저 눈에 띄네요. 계단을 올라가면 400년 넘은 회화나무가 있답니다. 회화나무 옆에 '역관 홍건익 가옥' 후문이 있습니다. '필운대'로 가는 지름길이지요. 살짝 열고 들어가면 근사한 풍경이 눈에 들어옵니다. 홍건익 가옥 정문으로 나가서 오른쪽으로 조금만 올라가면 '필운대'가 있는 배화여자고등학교 정문입니다.

| **필운대 가는 길** | 환경운동연합 뜰에 선 400년 수령의 회화나무 옆으로 '역관 홍건익 가옥' 후문이
있다. 잘 복원된 근대 한옥을 통과해 인왕산 쪽으로 오르면 배화여고에 닿는다.

| **배화여고 본관** | 계단을 올라 왼쪽으로 난 길을 따라가면 별관 뒤에 '弼雲臺^{필운대}'가 새겨진 바위가 있다.

이항복 선생의 집터를 알려 주는 것은 커다란 바위에 새겨진 '弼雲臺^{필운대}' 글씨입니다. 배화여고 정문에서 계단으로 올라가 측백나무를 따라가면 별관 뒤에 바위가 있습니다. 이회영 선생의 둘째 형님인 이석영 선생의 양아버지 이유원 선생은 이곳을 찾아와 시를 남겼죠.

필운대 글씨 오른쪽은 이유원 선생이 남긴 시입니다. 왼쪽에서 두 번째 줄에 '癸酉月城李裕元題^{계유월성이유원제}'라는 글씨가 보이지요! '계유년에 월성 이유원이 쓰다.'라는 뜻으로 이유원 선생의 생애를 고려해 보면, 1873년(고종 10년)에 필운대를 찾았겠지요.

| 필운대 각자와 이유원 선생의 시 |

　이유원 선생이 찾아왔을 때의 모습을 짐작할 수 있는 것은 김윤
겸의 〈필운대〉입니다. 김윤겸은 조선 후기의 화가로 산수화에 뛰어
났습니다. 수직으로 깎아지른 바위가 병풍처럼 드리워지고 그 아래
로 평평한 너럭바위에, 푸른 소나무 숲까지. 지금의 필운대를 보면
상상이 안 되는 모습입니다. 필운대에서 바라보는 경치가 장안의
구경거리였다는데 이제는 배화여고에 가려 옛 그림 속에서나 볼 수
있을 뿐입니다.

　하얀색 배화여고 강당과 세월이 묻어나는 생활관 사이 언덕에
서 아래를 내려다보면 아쉽지만 옛 풍경이 조금이나마 짐작됩니다.
앞으로는 낙산, 왼쪽으로는 북악산, 오른쪽으로는 남산이 보입니다.
뒤로는 인왕산이 든든하게 지켜 주고 있지요. 어깨동무하듯이 서울
을 감싸는 내사산은 탄성을 자아내기에 충분합니다.

| 김윤겸의 〈필운대〉 | 콘크리트 건물에 가려 답답한 현재 필운대의 시원한 옛 모습을 짐작할 수 있다.

답사 가이드

★ 이항복 선생의 호로 가장 잘 알려진 것은 '백사白沙'와 '필운弼雲'
입니다. 필운대에는 이 두 호가 모두 새겨져 있습니다.

| 배화여고에서 바라본 '한양' | 오른쪽 기와지붕이 근정전이고 뒤로 보이는 야트막한 언덕배기가 낙산이다.

은행나무 아래,
권율 장군 집터

주소   서울 종로구 사직로 2길 14

권율 장군과 이항복 선생은 임
진왜란 때 큰 공을 세운 분입니다.
장인은 행주대첩을 이끌었고, 사
위는 선조 임금을 지켰습니다. 이
항복 선생에게 집을 물려주고 권

| 권율 장군 집터 가는 길 |

율 장군이 옮겨간 곳은 행촌동입니다. 배화여고에서 황학정 쪽으로
가다 인왕산 허리를 가뿐히 넘으면 행촌동으로 이어집니다. 그곳에
권율 장군이 심었다는 은행나무가 있습니다.

배화여고 정문에서 똑바로 가면 매동초등학교가 나옵니다. 이 학교는
1895년에 세워졌습니다. 박완서 작가의 모교이기도 하지요. 조금만 더 가
면 황학정 국궁전시관 쪽으로 가는 안내판이 오른쪽 모퉁이에 있습니다.

지름길인 이 계단을 올라 길을 건너 서쪽으로 오르면 인왕산 입구에 닿는다.

◉ 안내판 맞은편에는 느티나무 아래 마을버스(종로 05) 정류장이 보입니다. 마을버스 노선을 따라 올라가면 인왕산 입구입니다. 황학정 국궁전시관 조금 못 미쳐 보이는 계단이 지름길! 끊어질 듯 이어지는 서울 성곽을 만난다면 제대로 찾아온 겁니다.

◉ 한숨 돌리고 성곽 너머를 바라보면 은행나무가 손짓하고 있습니다. 성곽을 따라 내려가다 상록수어린이집 모퉁이를 돌아 큰길로 나갑니다. 오른쪽으로 고개를 돌리면 은행나무가 보입니다.

은행나무 아래에 '권율 도원수 집터' 표지석이 있습니다. 이 나무는 정말 권율 장군이 심었을까요? 나무의 수령은 1976년을 기준으로 420년입니다. 권율 장군의 생몰 연대는 1537

| 권율 도원수 집터 |

년부터 1599년까지니 1556년에 심은 나무겠죠.

권율 장군의 아버지 권철 대감은 이항복의 영특함을 보고 손녀 사위로 점찍었다고 했지요. 짐작했던 것처럼 이항복 선생은 25세에 우수한 성적으로 과거에 합격하고, 45세에는 최고 관직인 영의정에 오릅니다. 권율 장군은 45세 늦은 나이에 과거에 합격하지만 행주산성에서 대승을 거둡니다. 그리고 그 능력을 인정받아 훗날 도원수에 올랐습니다.

우리가 이 길을 걸으며 마음으로 동행했으면 하는 분이 있습니다. 바로 이은숙 여사입니다. 『서간도 시종기』를 보면, 이은숙 여사는 이회영 선생이 돌아가셨다는 전보를 받고 이 행촌동 언덕길을 허둥지둥 달렸습니다.

마치 정신 나간 인간같이 전보를 들고 어안이 벙벙하여 있다가, 행촌동 뒷산으로 천방지축 미친 사람같이 낭떠러지 구렁텅이에 빠져 가며 간신히 몸을 이끌고 사직동으로 나와, 효자동 우관 이

정규 선생 집을 찾아가서 전보를 보였다.

이은숙 여사는 상하이에 있는 아들 이규창에게도 소식을 알렸습니다. 아들의 심정은 또 어땠을까요? 이규창 선생이 쓴 『운명의 여신』을 보면 짐작할 수 있습니다.

내 눈에는 눈물이 나서 이 원고에 글을 쓸 수 없어 한참 진정을 하고 쓰기를 계속하였다.

이규창 선생은 60여 년이 지나서도 그때를 떠올리면 울음을 멈출 수 없었던 것입니다.

답사 가이드

⭐ 홍난파 가옥에서 권율 장군 집터 쪽을 바라보며 사진을 찍어볼까요. 행촌동 골목길 양옆으로 은행나무와 딜쿠샤가 가까이 놓이고 인왕산이 먼 배경으로 잡히면 완벽한 프레임, 찰칵! 이회영 선생 순국 소식을 듣고 황망히 고갯길을 넘는 이은숙 여사도 사진 속 어딘가에 찍혔을 겁니다.

통곡의 미루나무를 찾아서

서대문형무소역사관

주소	서울 서대문구 통일로 251
관람시간	여름철(3월~10월) : 09:30~18:00(입장마감: 17:30)
	겨울철(11월~2월) : 09:30~17:00(입장마감: 16:30)
휴관일	매주 월요일(공휴일에는 그 다음날), 1월 1일, 설날, 추석날
관람료	유료

이항복 선생의 지혜와 권율 장군의 대범함은 이회영 선생에게 이어지고 다시 아들 이규창의 삶에서도 보입니다. 이규창 선생을 만나러 서대문형무소역사관으로 향합니다. 권율 장군 집터에서 교남공영주차장을 지나 내려다보이는 경희궁자이1단지아파트 앞 도로를 따라 내려가 독립문역사거리를 지나면 서대문독립공원에 닿습니다. 그 끝자락에 서대문형무소역사관이 있습니다.

아버지로부터 '참다운 동지요, 효자'라는 말을 들을 자식이 얼마나 될까요? 이회영 선생의 아들 이규창이 바로 그러했습니다. 이은숙 여사가 국내로 들어간 뒤 이규창 선생은 아버지와 늘 함께했지요. 그렇기에 아버지의 순국 소식에 아들은 큰 충격을 받았을 겁니다.

| 서대문형무소역사관 | 이규창 선생을 비롯한 숱한 애국지사들이 고초를 받던 때 이곳은 '역사관'이
아니라 '역사' 그 자체였다.

이회영 선생이 갑작스럽게 돌아가신 이유는 무엇일까요? 1부에
소개한 것처럼 1932년 이회영 선생은 만주에서 항일투쟁을 이끌기
위해 상하이를 떠났습니다. 66세 노인이 마지막 불꽃을 태우러 떠
난 것인데, 안타깝게도 비밀이 새어 나가 일본 경찰의 손에 무참히
돌아가셨습니다.

일본 경찰에게 이회영 선생의 만주행을 전해 준 사람은 상하이
거류민단장 이용로입니다. 그는 독립운동 단체들의 내막을 잘 알고
있었기에 독립운동가들 사이에서는 그를 제거해야 한다는 의견이

| 이규창 선생 수감 당시 모습과 고문 증언 영상 |

많았습니다. 이회영 선생이 지도한 남화한인청년연맹 소속 엄순봉 선생이 혼자 이용로를 제거하려 하자 이규창 선생은 뜻을 굽히지 않고 함께 나섭니다.

1935년 3월 25일 두 사람은 이용로를 처단하는 데는 성공하지만 경찰에 체포되고 맙니다. 재판 결과 엄순봉 선생은 사형선고를, 이규창 선생은 13년 형을 선고 받아 서대문형무소에 수감되었습니다. 서대문형무소역사관 지하에 가면 이규창 선생의 고문 증언을 지금도 들을 수 있습니다.

고문 현장도 끔찍하지만 사형 장소 또한 마음 편하게 둘러보기 어렵습니다. 사형장 앞에는 통곡의 미루나무가 있습니다. 사형장으로 끌려가는 사람들이 미루나무를 붙들고 목 놓아 울었다고 합니다. 이곳에서 사형을 당한 엄순봉 선생도 그랬을까요?

| **수형기록표** | 민족 지사 단 한 분의 고초도 짐작할 길이 없는데 이 거대한 방을 채운 폭압과 고통의 증거 앞에 아연할 뿐이다. 그러나 이 공간은 해방과 자유에 대한 선열들의 염원 또한 치열하게 증언하고 있다.

　　이규창 선생은 조선 간수로부터 엄순봉 선생의 사형 집행 이야기를 들었습니다. '행동과 처신이 성인과 같았고 대한 독립 만세와 자유 평등 만세를 부르며 사형대로 갔다. 수많은 사형수를 대하였지만 그분 같은 행위는 처음 보았다.'고 감탄을 했답니다.

| **통곡의 미루나무** | 서대문형무소 건립 당시 사형장 안팎에 심은 두 그루의 미루나무 중 안쪽 것은 벼락 맞아 죽고, 바깥쪽 나무만이 사형수의 원혼을 위로하듯 남아 있다.

★ 민족저항실Ⅱ에는 5천여 개의 수형기록표가 삼면에 붙어 있습니다. 이규창 선생을 비롯해 여러분이 알고 있는 독립운동가는 몇 분이나 되나요? 유관순 열사, 안창호 선생, 한용운 선생, 이육사 시인······.

★ 서대문형무소 내 다른 건물과 달리 높은 곳에 위치한 옥사가 있습니다. 한센병, 시쳇말로 문둥병이라 불리는 환자를 격리 수용하던 '한센병사'입니다. 이곳에 올라 서대문형무소 전체를 조망해 봅시다.

답사 가이드

★ 서대문독립공원 초입에는 중국으로부터의 독립을 선언하며 세운 독립문이 있습니다. 이 문을 지나 3.1독립만세운동을 기념하는 탑을 지나면 항일 지사와 민주투사의 저항과 고난을 상징하는 서대문형무소역사관으로 이어지지요. 서대문형무소 내 한센병사에서 왼쪽을 바라보면 국립대한민국임시정부기념관 예정지가 새롭게 눈에 들어옵니다. 봉건 사대주의에서 벗어나 제국에서 민국으로 향했던 선열들의 역사적 성실성을 되새겨 봅시다.

| 독립문 |

| **국립대한민국임시정부기념관 예정지** | 독립문–3.1운동 기념탑–서대문형무소역사관으로 이어지는 공간에 국립대한민국임시정부기념관이 선다. 중국에 임정 기념관이 여섯 곳이나 있는 반면 대한민국 에는 이곳이 최초다.

행촌동 1번지의 랜드마크
딜쿠샤

주소	서울 종로구 사직로 2길 17

행촌동은 '권율 장군 집터'보다 '딜쿠샤'로 더 알려진 곳입니다. 딜쿠샤는 '기쁜 마음의 궁전'을 뜻하는 산스크리스트어로, 영국령 인도 러크나우에 있었던 딜쿠샤 궁전에서 따온 이름입니다. 100여 년 동안이나 권율 장군이 심은 은행나무와 이 자리를 지켜 왔지요.

딜쿠샤의 주인 테일러 부부는 한양도성을 돌다 이 은행나무가 마음에 들어 이곳에 집을 지었다고 합니다. 우여곡절도 많았습니다. 집터를 닦기 시작하자 마을 사람들은 무당을 불러 저주를 퍼붓지요. 신성한 제단과 세 개의 우물이 있던 이곳은 마을의 중요한 공간이었기 때문입니다. 그럼에도 집은 완성됐고 아내 메리 테일러는 오랜 소망대로 'DILKUSHA 딜쿠샤'라는 이름을 새깁니다.

그런데 마을 사람들의 저주 때문이었을까요? 진귀한 물건들로 장식해 박물관 못지않았던 3층 건물은 1926년 벼락을 맞아 폐허가

| **딜쿠샤** | 이 집의 안주인 메리 린리 테일러가 지은 이름이다.

되고 맙니다. 현재 모습은 2층으로 다시 지은 것입니다. 이곳을 찾는 이유는 앨버트 테일러를 기리기 위해서입니다.

광산업을 하면서 특파원으로도 일했던 테일러는 3.1운동 선언서와 실상을 세계에 알렸습니다. 특히 '수원 제암리 학살사건' 현장을 촬영해 일본의 만행을 고발하기도 했습니다. 테일러는 광산업을 했기에 한반도 구석구석을 둘러보며 일제 식민 지배로 고통 받는 조선인들의 참상을 직접 목격했습니다. 이는 분노가 공포를 이겼기에 가능했던 일입니다.

그러나 일제는 테일러를 조선인처럼 탄압할 수 없었습니다. 미국인이었기 때문이지요. 하지만 태평양전쟁이 일어나자 테일러는

| **딜쿠샤와 은행나무** | 지금은 딜쿠샤가 행촌동을 대표하지만, 옛적 동네 이름, 은행나무골에서 알 수 있듯이 권율 장군이 심었다는 은행나무가 과거 행촌동의 심벌이었다.

| 테일러 부부 | 인도 결혼식 후 타지마할에서 찍은 사진이다.

곧바로 적국 시민으로 분류됩니다. 그는 서대문형무소 근처 붉은색 벽돌집(현 감리교신학대학교 역사박물관)에 갇히고 아내 메리는 가택 연금을 당합니다. 메리는 몰래 망원경으로 붉은색 벽돌집을 살피다 가, 남편의 모습이 보이자 자신이 잊지 않고 지켜보고 있다는 걸 알

| 테일러 묘비 |

리기 위해 주황색 쿠션을 던집니다. 훗날 테일러는 그때 메리가 투신자살한 줄 알았다고 하더랍니다.

테일러는 6개월 후 풀려나 집으로 돌아옵니다. 하지만 두 사람은 1942년 결국 추방당합니다. 미국에서 사망한 테일러는 그러나 우리나라를 끝까지 잊지 못했습니다. 그의 유해는 유언에 따라 양화진외국인선교사묘원에 안치되었습니다.

딜쿠샤는 주인을 잃은 뒤 어려운 사람들의 보금자리가 되었습니다. 그러다 2017년 8월 8일 대한민국 등록문화재 제687호로 지정되어, 12세대가 퇴거하고 현재 복원에 들어갔습니다. 아름다운 옛 모습으로 복원되면 찾는 발걸음이 더 많아지겠지요.

| 홍난파 가옥 |

딜쿠샤에서 월암근린공원 쪽으로 가다 보면 딜쿠샤와 비슷한 서양 건축물이 보입니다. '고향의 봄', '봉선화' 등 아름다운 곡을 남긴 홍난파 선생의 집입니다. 독일 선교사가 살았던 집이라 구조가 독특하고 지금도 후손들이 집을 안내하고 있어서인지 소품 하나하나에도 정성이 느껴집니다. 딜쿠샤는 프랑스식 집이니까 복원되면 두 나라의 집 구조를 비교해 보는 재미도 있겠네요.

홍난파 가옥 뒤편으로 또 다른 외국인이 살았습니다. 신민회의

| 베델 집터와 묘비 |

기관지 역할을 했던 〈대한매일신보〉를 창간한 베델입니다. 베델은 '나는 죽더라도 〈대한매일신보〉는 영생케 하여 한국 민족을 구하라.'는 유언을 남기고 37세 젊은 나이에 세상을 떠났습니다. 그 또한 양화진외국인선교사묘원에 묻혀 있습니다. 그가 살았던 곳에는 집터 표지석만 덩그러니 남아 있습니다.

답사 가이드

★ 'DILKUSHA 1923' 아래 희미하게 'PSALM C X X VII. I' 글자가 보입니다. 무슨 뜻일까요? 『성경』 시편 127장 1절에 그 답이 있습니다.

★ 베델 집터 표지석은 두 개입니다. 하나는 집터에 세웠고 나머지 하나는 집터 위치를 알려 주고 있지요. 홍난파 가옥 뒤로 한양도성을 따라가면 찾을 수 있답니다.

우당 이회영 한번의 죽음으로 천 년을 살다

| 인왕산에서 바라본 서울 | 배화여고 건물에 막혀 '한양' 전경을 살필 수 없어 아쉬움에 필운대 뒷산 인왕산에 오른다. 발 딛고 선 인왕산을 중심으로 시계 방향으로 북악산, 낙산, 남산이 한 번에 조망된다.

2코스

덕수궁에서
남산 백범광장까지

중명전

도보 20분

한국은행
화폐박물관

도보 10분

상동교회

도보 30분

남산 백범광장
이시영 선생 동상

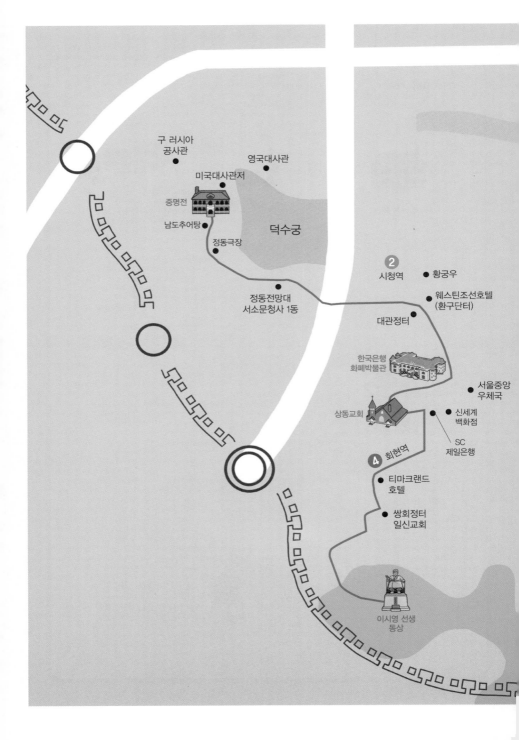

구 러시아
공사관

영국대사관

미국대사관저

중명전

남도추어탕

덕수궁

정동극장

❷
시청역 ● 황궁우

정동전망대
서소문청사 1동

웨스틴조선호텔
(환구단터)

대관정터

한국은행
화폐박물관

서울중앙
우체국

상동교회

신세계
백화점

SC
제일은행

❹ 회현역

티마크랜드
호텔

쌍회정터
일신교회

이시영 선생
동상

치욕과 설움의 역사가 시작된 곳

중명전

주소	서울 중구 정동길 41-11
중명전 관람 시간	09:30~17:30(입장 마감: 17:00)
휴관일	매주 월요일
정동전망대 운영 시간	평일 09:00~21:00, 토요일·공휴일 09:00~18:00

🅀 시청역 1호선 2번 출구, 2호선 12번 출구로 나와 덕수궁 돌담길을 따라 5
　분거리.

　덕수궁을 한눈에 볼 수 있는 곳은 서소문청사 1동 13층 정동
전망대입니다. 엘리베이터 문이 열리면 검은 판에 흰 선으로 가득
한 '게일 지도'가 먼저 인사합니다. 이 지도는 대한제국 시기, 전국
의 토지를 측량하는 관아였던 양지아문에 고용된 미국인 측량사 크
럼이 1901년경 한국인과 함께 제작한 것입니다. 캐나다 선교사 게
일이 1902년에 영국 왕립 아시아학회 기관지에 기고한 글 「Han-
Yang(Seoul)」에 처음 소개되었지요. 이후 서울 지도로서 한국 관계
서적에 광범위하게 사용되었을 뿐만 아니라 서양에도 널리 알려졌

| 함녕전 | 고종의 침전이자 1919년 1월 21일 고종 황제가 승하한 곳이기도 하다.

습니다.

　이곳에서 덕수궁을 바라보면 색다른 느낌이 듭니다. 여러분은 어떤 건물이 가장 먼저 눈에 들어오나요? 대청마루에 '발'이라 부르는 붉은빛 외주렴이 쳐진 곳은 함녕전입니다. 함녕전 뒤로 보이는 건축물은 고종이 다과를 즐겼다는 정관헌이고요. 왼쪽 끝으로 대한제국역사관으로 쓰이는 석조전과 국립현대미술관 덕수궁관이 보입니다. 가장 오래된 근대 건축물 중명전은 덕수궁 밖 정동극장 너머에 있지요.

| **정관헌** | 러시아 건축가 사바틴의 설계로 1900년 준공된 이곳에서 고종은 외빈을 초대해 연회를 열고 평소에는 다과를 즐겼다고 한다. 사바틴은 고종과 인연이 깊은 러시아공사관과 중명전 건축에도 관여했다.

| 경복궁 |　　| 러시아공사관 |　　| 덕수궁 |

　　그런데 중명전은 왜 덕수궁에서 외떨어져 있을까요? 중명전이 세워진 시대로 돌아가 확인해 볼까요? 민비가 일본 낭인에게 살해되는 을미사변(1895년)이 일어나자 고종은 경복궁을 떠나 러시아공사관으로 피신합니다. 그리고 덕수궁을 수리하기 시작하지요. 1년

| **중명전 주변** | 덕수궁 서문 평성문 밖 풍경으로 중명전은 미국대사관저로 쓰이는 구 미국공사관과 첨탑만 남은 구 러시아공사관에 둘러싸여 있다. ❶ 중명전 ❷ 구 러시아공사관 ❸ 미국대사관저의 성조기

만에 덕수궁으로 돌아온 고종은 대한제국을 선포하고 궁궐 영역을 확장해 나갑니다.

훗날 중명전으로 이름이 바뀐 수옥헌도 이때(1899년) 지어집니다. 그런데 게일 지도에서 알 수 있듯이 서쪽에는 미국공사관(1883년), 북쪽에는 영국공사관(1884년)이 이미 자리 잡고 있었지요. 그래서 수옥헌은 덕수궁에서 다소 떨어져 지을 수밖에 없었던 것입니다.

이제 중명전을 찾아가 봅시다. 정동극장 옆 남도추어탕 골목으로 들어가면 붉은 벽돌 건물이 보입니다. 중명전은 몇 차례의 화재와 재건 과정을 거쳐 2010년에야 대한제국 당시의 모습으로 복원되었습니다.

중명전 내부에서 가장 먼저 눈에 들어오는 건 을사늑약 현장에 있던 당시 사람들을 재현한 밀랍 인형들입니다. 콧수염을 단 진중한 신사들 가운데 을사늑약에 서명한 이는 누구이며, 을사오적은 어떤 사람들일까요? 반대한 사람들은 그 이후 어떤 길을 걸었을까요?

제3전시실에 있는 황제 옥새의 의미도 생각해 봅시다. 고종은 을사늑약이 무효이므로 서구 열강들에게 도와 달라고 요청하는 친서를 보냈습니다. 황제 어새에는 대한제국의 자주 독립을 지키기 위한 고종의 고뇌가 고스란히 담겨 있습니다.

제4전시실 헤이그 특사의 여정을 담은 영상 앞에서는 왠지 발걸음이 떨어지지 않습니다. 지금도 네덜란드 헤이그까지 비행기로 꼬박 하루가 걸리니 당시는 엄청나게 먼 길이었지요. 그 여정을 생각하니 헤이그 특사 3인의 고단함이 새록새록 전해 오는 것 같습니다.

을사늑약의 또 다른 현장은 한국주차군사령관저입니다. 이곳이 게일 지도에 있는 대관정입니다. 1904년 한국주차군사령관 하세가와 요시미치는 대관정을 무단 점령합니다. 이곳은 대한제국 최초의 영빈관이었습니다. 을사년(1905년) 경성에 도착한 이토 히로부미는 이곳에서 하세가와와 을사늑약 체결을 논의하

| 대관정 |

| 게일 지도 | 1902년 캐나다 선교사 게일이 왕립 아사아학회의 기관지 〈Transaction〉에 처음 소개한 서울 지도다. ❶ 경운궁=덕수궁 ❷ 러시아공사관 ❸ 미국공사관 ❹ 영국공사관 ❺ 대관정 ❻ 황단= 환구단과 황궁우

기도 했습니다.

대관정 건너편에는 고종이 황제 즉위식을 거행했던 환구단과 황궁우가 있었습니다. 하지만 일본은 대한제국 황제의 권위를 무시하며 1914년 환구단을 헐고 그 자리에 조선철도호텔을 짓습니다. 현재 호텔 앞마당에 덩그러니 남겨진 황궁우는 한낱 호텔의 장식물같아 보입니다.

ⓒ서울역사박물관

| **한국주차군사령관저터** | 1904년 한국주차군사령관 하세가와 요시미치는 대한제국 최초의 영빈관인 대관정을 무단 점령하고 을사늑약을 체결하는 데 앞장섰다.

| **조선철도호텔** | 조선철도호텔 뒤쪽을 포착한 전경 사진으로 오른쪽 건물이 황궁우다.

| **황궁우** | 지금도 황궁우는 한 고급호텔 정원에 액세서리마냥 덩그러니 남아 있다.

답사 가이드

⭐ 중명전 1층 맨 안쪽, 헤이그 특사 전시실에 가면 뒤뜰 쪽으로 난 창문 커튼을 들춰 보세요. 고종의 침전이 있던 자리랍니다. 한 나라의 황제가 자기 나라의 외교권을 빼앗길 때 갇혀 있을 수밖에 없었던 곳이지요. 그러나 지금은 텅 비어 있답니다.

어머니의 강인한 발걸음이 깃들다
한국은행 화폐박물관

주소   서울 중구 남대문로 39
관람시간   10:00~17:00(화요일~일요일)
휴관일   월요일, 설 연휴 및 추석 연휴, 12월 29일~1월 2일

　　이회영 선생과 가족들에게 중국 망명 생활 중 가장 끔찍했던 때
는 언제일까요? 전염병으로 두 손녀와 아들을 잃고, 밀정 김달하 처
단 사건으로 큰딸은 경찰서에 잡혀가고, 둘째 딸까지 병에 걸려 생
사를 오갔던 1925년이 아닐까요? 이규창 선생은 이때를 '우리 가족
은 연이어 다가온 불행의 무거운 무게에 눌려 지낼 뿐이었다.'라고
회상했습니다.

　　이런 궁핍한 생활 중, 이은숙 여사는 생각다 못해 국내로 들어
가 자금을 구해 보기로 합니다. 어린 딸이 엄마를 따라나서려 하자
이회영 선생은 "네 어머니 속히 다녀올 제, 과자 사고, 네 비단옷 해
가져올 거다."라며 딸을 달랬다고 합니다. 이를 가슴 아프게 지켜본
이은숙 여사는 딸의 모습을 오랫동안 잊지 못했습니다.

KEIJO, THE CAPITAL OF KOREA, IS THE CENTRE OF COMMERCE AND EDUCATION.

王鮮體鐵と術圖に鮮朝つ [島 半 京]

近代建築の鮮朝行

THE KEIJO POST OFFICE AT THE GREAT OPEN SPACE, KEIJO.

局便郵るけ登に場廣大（城京）

| 조선은행 본점과 경성우편국 |

여사는 수차례 거처를 옮기며 닥치는 대로 일을 했고 생활비를 마련했습니다. 한 푼 두 푼 모으면 곧바로 이회영 선생에게 보냈지요. 송금을 위해 이은숙 여사가 찾아간 곳은 조선은행 본점, 지금의 한국은행 화폐박물관입니다. 어린 아들의 손을 잡고 우체국에 갈 때 칙칙폭폭 전차를 타고 아버지한테 가자고 이야기 나누던 곳도 이 길입니다. 화폐박물관 길 건너 동편의 서울중앙우체국이 당시 편지를 보내던 경성우편국 자리입니다.

독립운동의 기지
상동교회

주소   서울 중구 남대문로 30
       02-752-1136

한국은행 화폐박물관에서 남대문 방향으로 상동교회가 보입니다. 상동교회는 수많은 애국지사들이 모이던 곳입니다. 그들을 흔히 '상동파'라고 부릅니다. 상동파가 중심이 되어 을사늑약 무효 투쟁, 신민회 설립, 헤이그 특사 파견 등을 논의하고 주도했습니다. 이 모든 일이 가능했던 건 전덕기 목사가 있었기 때문이지요.

그런데 여러분은 독립운동사를 배우며 상동교회나 전덕기 목사의 이름을 들어 본 적 있나요? 왜 이리도 이름이 낯설까요? 전덕기 목사와 이회영 선생은 또 어떤 인연이었을까요? 민족 지사들의 활동 중심지였지만 일반인들에게는 잘 알려지지 않은 상동교회를 찾아가 봅시다.

전덕기 목사를 이야기하려면 상동교회를 세운 스크랜턴을 빼놓을 수 없습니다. 그와의 만남이 전덕기 목사의 인생에 전환점이 되

| 상동교회 |

었기 때문이지요. 전덕기는 아홉 살에 고아가 되어 남대문시장에서 나무와 숯을 파는 작은아버지 집에서 살았습니다. 그러다가 1892년 선교사이자 의사인 스크랜턴 집에 고용되었어요. 스크랜턴은 가난하고 소외된 사람들을 정성껏 돌보고 공손하게 대했습니다. 특히 이화학당을 세운 스크랜턴의 어머니는 하인과 다름없던 전덕기를 가족처럼 돌봐주었지요. 이에 감명을 받아 전덕기는 1896년 기독교인이 되었습니다.

청년 전덕기는 독립협회에 가입해 수많은 애국지사들과 교류하면서 민족의식을 키워 나갔습니다. 그는 1902년부터 실질적으로 상동교회를 이끌었고, 1907년 담임목사가 된 이후에는 더 활발하게 민족운동을 전개했습니다.

　한 가지 더 주목할 것은 1904년에 세워진 상동청년학원입니다. 배재학당이나 이화학당 같은 근대식 학교는 대부분 선교사들이 세웠습니다. 하지만 상동청년학원은 전덕기 목사가 구국 운동을 위해 세운 중등 교육기관입니다.

　이곳은 표면적으로는 교육기관을 표방했지만 실제로는 총검술, 제식훈련 같은 군사훈련도 실시했습니다. 훗날 세워진 신흥무관학교와 거의 동일한 교육과정을 갖고 있었지요. 이 학교의 원장이 전덕기 목사이며, 학감을 지낸 분이 바로 이회영 선생입니다.

　선생은 자녀들과 조카들도 머리를 짧게 깎이고 이 학교에 입학시켰습니다. 둘째 형님이 꾸짖자 "형님, 시대가 시시로 변천하니 규준이도 바삐 가르쳐서 우리나라도 남의 나라처럼 부강해져야지요." 하고 설득했습니다. 아우를 믿었던 이석영 선생은 이제 자신의 친구들을 설득합니다. 그들의 자녀들까지 상동청년학원에 입학시켰던 것입니다.

| **전덕기 목사 기념비** | '故牧師全公德基紀念碑고목사전공덕기기념비'라 새긴 이 기념비는 1922년 공옥학교 동창회가 세웠다.

| **1901년 당시의 상동교회** | 1901년 새 성전으로 이전한 후 남대문 쪽에서 상동교회를 찍은 사진이다. 흥미로운 것은 짙은 회색 한옥 기와를 서양 건축물처럼 붉은색으로 칠한 것이다. ❶ 상동교회 전신 달성교회 자리(현재 한국은행 화폐박물관) ❷ 명동성당 ❸ 상동교회

상동교회 7층 역사자료실에는 전덕기 목사의 기념비가 있습니다. 1922년 상동교회의 초등 교육기관 공옥학교 앞에 세웠던 것인데 기념비 윗부분과 옆면의 돌이 일제에 의해 심하게 훼손된 흔적이 보입니다. 하지만 기념비에 담긴 전덕기 목사의 숭고한 정신은 절대 훼손될 리 없을 것입니다. 이 기념비는 1949년부터 상동교회를 다닌 김종설 사무국장과 미리 약속하면 자세히 볼 수 있습니다.

김종설 사무국장은 상동교회의 옛 모습이 담긴 사진 한 장을 보여 주며 여러 가지 이야기를 들려주었습니다. 이 사진은 1901년 상동교회에서 봉헌 예배를 드린 후 미국인이 남대문 쪽에서 찍은 것

| **상동교회 8층 대예배당** | 옛날 상동교회 지하실에 있던 벽돌 33
개로 3.1운동 민족대표 33인을 상징했는데 초와 꽃에 가려 일부
가 보이지 않는다.

이라고 합니다. 1895년 인조의 고모부 집이었던 달성위궁, 현재의
한국은행 화폐박물관 인근 한옥을 구입해 교회와 거처로 사용하
다가 1901년 5월 새 성전으로 이사해 기념하는 날이었지요. 가운데
끝에 높이 솟은 건물이 명동성당, 그 오른쪽 큰 건물이 상동교회입
니다.

| 서울대학교 이준 열사 동상 |

　　상동교회 8층 대예배당 강단 벽면에는 구국교회로서의 상동교회 역사를 보여 주는 상징물이 있습니다. 마치 양손으로 십자가를 떠받치는 듯한 모습의 조형물입니다. 아주 독특하지요? 이 조형물은 민족대표 33인을 상징합니다. 33인 중 네 분은 상동교회 출신 목사입니다. 십자가 아래에 있는 네모난 돌 네 개가 이 네 분을 의미합니다. 그 아래에 네모난 돌이 두 개 더 있는데, 이는 전덕기 목사와 상동교회 청년회 회장이었던 이준 열사를 상징하지요.

　　이준 열사를 기억하기 위한 동상은 서울대학교에도 세워졌습니다. 이준 열사는 1895년에 설립된 법관양성소 1회 졸업생이며, 와세다 대학에서 유학한 국제법 권위자였습니다. 서울대학교 법과대학은 법관양성소가 법대 국립교육의 출발이라 보고, 그의 동상을 서울대학교 법학도서관 앞에 세웠습니다.

상동교회는 이회영 선생을 기억하고 기념하는 곳이기도 합니다. 그래서 매년 11월 17일, 선생의 순국일에 이회영 선생 추모식이 열리지요. 상동교회는 여전히 살아 있는 역사의 현장입니다.

답사 가이드

★ 상동교회 8층 예배실 강단에서 태극 문양을 찾을 수 있습니다. 어디에 있냐고요? 십자가를 떠받치는 양손 모양 조형물을 잘 살펴보세요.

★ 1901년 상동교회를 찍은 사진은 몇 시쯤일까요? 그림자를 보면 알 수 있답니다.

이시영 선생 동상

상동교회에서 신세계백화점과 메사 건물 사이를 통과해 회현역으로 이동할 것을 권합니다. 근대 건축물과 남대문시장을 모두 둘러볼 수 있거든요.

상동교회에서 남산 백범광장 이시영 선생 동상을 찾아가는 길에 쌍회정터를 찾아보세요. 회현역 티마크랜드호텔 명동 건물을 거쳐 가면 쉽게 찾을 수 있습니다. 모퉁이를 돌아 남산 기슭을 바라보세요. 멋진 고딕식 건물이 보이지요. 쌍회정이 있었던 자리에 지금은 일신감리교회가 들어서 있습니다. 그곳에 '쌍회정터' 표지석이 있는데, 눈여겨보지 않으면 찾기 어렵답니다!

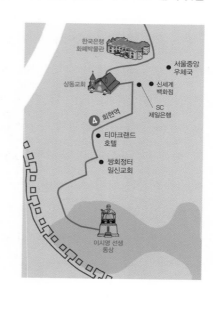

남산 자락에 있던 '쌍회정'은 이항복 선생이 살았던 곳

| 쌍회정터 표지석 | 독립운동에 대한 우리의 무지와 무심함을 대면하는 것 같아 적잖이 언짢다.

으로 집 주변에 두 그루의 회화나무를 심었다고 해 붙여진 이름입니다. 그 뒤 다른 사람이 이 집을 사 단풍나무를 심고는 '홍엽정'으로 이름을 바꿉니다. 후에 이유원 선생이 사들여 다시 쌍회정 편액을 걸었지요. 둘째 형님 이석영 선생이 물려받은 이곳에서 이회영 선생은 이상설 선생 등과 모임을 가졌습니다.

　이회영 선생이 젊은 날을 함께한 이상설 선생은 어떤 분일까요? 이상설 선생은 당시 율곡 이이를 뛰어넘을 학자로 칭송받았습니다. 그가 남긴 책으로는 『국가론』, 『법학만초』, 『수리』, 『백승호초』 등이 있지요. 그중 물리학, 식물학, 화학 관련 서적을 그림과 함께 정리한 『백승호초』를 보면 선생의 폭넓은 지식을 짐작할 수 있습니다.

| 뮤지컬 〈심우〉 | 이 작품은 한용운 선생이 서대문형무소에서 순국한 김동삼 선생의 장례식을 심우장에서 치른 역사적 사실을 바탕으로 제작되었다. 역사의 공간이 그대로 극의 무대가 됨으로써 남다른 감동을 준다.

이시영 선생 말에 따르면, 이상설 선생은 모든 분야의 학문을 거의 독학으로 통달했다고 합니다. 『운명의 여신』에도 '보재(이상설)는 사물처리에 참으로 총명하고 명석한 두뇌를 가진 분이라 나의 참스승이다.'라는 구절이 있습니다. 그러니 훗날 이회영 선생이 이상설 선생의 순국 소식을 듣고 어찌 통곡하지 않을 수 있었을까요.

또 한 분의 통곡 소리가 들려오는 듯합니다. 신흥무관학교를 찾아갔다가 총을 맞고 목숨을 잃을 뻔했던 한용운 선생입니다. 한용

| 김동삼 선생 묘소 |

운 선생은 누구를 위해 곡을 했을까요? 바로 김동삼 선생입니다. 서
간도에서 이회영 선생과 함께 신흥강습소를 세우고 독립운동을 하
다 서대문형무소에서 돌아가신 분이지요. 일제가 두려워 아무도 시
신을 거두지 않자 한용운 선생이 심우장으로 모셔 옵니다. 장례 마
지막 날 한용운 선생은 울부짖으며 빈속에 술만 마셨다고 합니다.

　지금은 야트막하게 보이지만 남산 아래 쌍회정은 경치가 아름
다워 게일 지도에도 표시된 곳으로, 예전에는 폭포도 있었다고 합
니다. 쌍회정은 사라진 지 오래지만 가까이에 이시영 선생 동상이
있습니다.

📍 쌍회정터 표지석 반대쪽에서 남산 백범광장으로 이어지는 산책길을 따라
10분 정도 걸으면 김구 선생과 이시영 선생 동상이 있습니다.

　　이시영 선생은 이회영 선생과 두 살 터울입니다. 나이로 보아도
두 사람은 가장 가까운 형제지요. 젊은 시절 신흥사에서 같이 공부
했고 을사늑약 당시에도 뜻을 모았습니다. 함께 신흥무관학교를 일
구었지만 두 분의 행로는 대한민국임시정부 수립 과정에서 갈립니
다. 이시영 선생은 임시정부 수립 때부터 환국 때까지 임시정부를
지켰습니다.

　　반면 이회영 선생은 의열 투쟁을 활발히 벌이는 한편, 아나키즘
등으로 사상의 폭을 넓혀 갔지요. 그런데 두 분 다 사람들 앞에 나
서길 좋아하지 않아 그 업적이 널리 알려져 있지 않습니다. 이시영
선생은 대한민국 초대 부통령을 지낸 분인데도 말이죠.

　　남산에서 서울 시내를 내려다보고 있노라니, 문득 만주로 떠나
기 전 이곳을 찾았던 이회영 선생 모습이 그려집니다. 선생은 고도
古都를 굽어보면서 울분을 토합니다. 그리고 다시 한 번 남산을 돌아
보면서 시 한 수를 읊조렸지요. 조국을 떠나기 전 남긴 마지막 시입
니다.

　　사로잡힌 이 몸이 감히 천 년의 기운을 닦노니,
　　하늘의 뜻이 그 어느 날에 돌아올지 모르겠노라.

| **쌍회정의 이회영 선생과 이상설 선생** | 망명 직전 두 분은 마지막으로 고국의 산하를 마음에 담고자 이곳에 오르지 않았을까. 두 분의 망명 시기는 다르지만 같은 시공간에 그렸다.

답사 가이드

★ 이시영 선생 동상 밑에는 우리에게도 아주 익숙한 글귀가 새겨져 있습니다. '널리 사람을 이롭게 한다.'는 뜻의 이 말은 단군 신화에도, 우리나라 교육법 제1조에도 등장합니다.

★ 이회영 선생이 고국을 떠나던 때와 지금의 서울은 어떻게 다를까요? 파노라마에 그려진 건축물 이름을 책에서 찾아보세요.

근현대사기념관 주소   서울 강북구 4.19로 114
지도 앱에서 '이준 열사 묘역' 혹은 '근현대사기념관'을 검색해서 찾아갑니다.

📍 4호선 수유역 4번 출구로 나와 마을버스(강북01)를 타고 근현대사기념관
에서 내립니다.

이시영 선생의 묘소는 국립서울현충원이 아니라 북한산 둘레길
에 있습니다. 묘소 가는 길에 40년간 이시영 선생 묘소를 돌보았다
는 이시영 선생의 며느리 집이 있지요. 며느님은 현재 돌아가셨지
만 아직도 후손이 살고 있습니다.

선생의 묘소에서 아래를 내려다보니 광복군합동묘역도 보입니
다. 중국 각 지역에서 일본군과 싸우다 순국하신 열일곱 분을 모신
곳인데 현충원 무후선열제단처럼 연고도 없고 유해도 없습니다.

헤이그 특사로 파견됐던 이준 열사 묘소도 근처에 있습니다. 그
의 부인 이일정 여사 묘비와 이준 열사의 헤이그 묘소 기념비도 나

| 이시영 선생 묘소 가는 길 |

란히 모셔져 있지요. 그런데 이곳에서 의외의 인물, 위안스카이를

만납니다. 이준 열사의 죽음을 애도하며 보낸 그의 글이 벽에 새겨

| 광복군합동묘역 |

저 있습니다.

최근에 개관한 근현대사기념관 뒤쪽에는 이회영 선생과 함께 북경 3걸로 알려진 김창숙 선생 묘소도 있습니다. 이런 까닭에 북한

剖胸濺血示心真
卽使驚天下人萬里
魂婦迷故國千家淚
洒笑忠匡望思妻子
難暝目爲報恩不
有身大義堂〻懸
日月衆藝右結伯夷
隆
慰廷袁世凱軟
一醒李偶先生

| 위안스카이 애도시 |
'가슴을 갈라 피를 뿌려 진실한 마음 나타내니, 장한 절개 문득 천하 사람들을 놀라게 하였도다.'로 시작한 시는 '대의는 당당하여 해와 달처럼 높다랗고, 저승에서 마땅히 백의의 이웃이 되리라.'로 마무리된다.

| 이일정 여사 묘비 | '절사 이준 씨 부인 이일정 씨 묘節士李儁氏婦人李一貞氏墓'라는 묘비명이 이채롭다.

산 둘레길 2구간은 '초대길', '순례길'로도 불립니다.

답사 가이드

★ 이시영 선생의 며느리 집을 찾아보세요. 대문 옆에 '사랑의 집 고쳐 주기 자원봉사단' 표지판이 있습니다. 독립운동가 후손에 대한 예우가 어떠해야 하는지 생각해 보는 시간이 되었으면 합니다.

★ 위안스카이가 이준 열사의 죽음을 애도하며 보낸 글은 무슨 뜻일까요? 풀이해 놓은 안내판이 있으니 꼭 읽어 보세요.

3코스

명동에서
국립서울현충원까지

3코스
이동 루트

명동 집터

도보 5분

이재명 의사 의거터

도보 10분

나석주 의사 의거터

지하철 60분

국립서울현충원

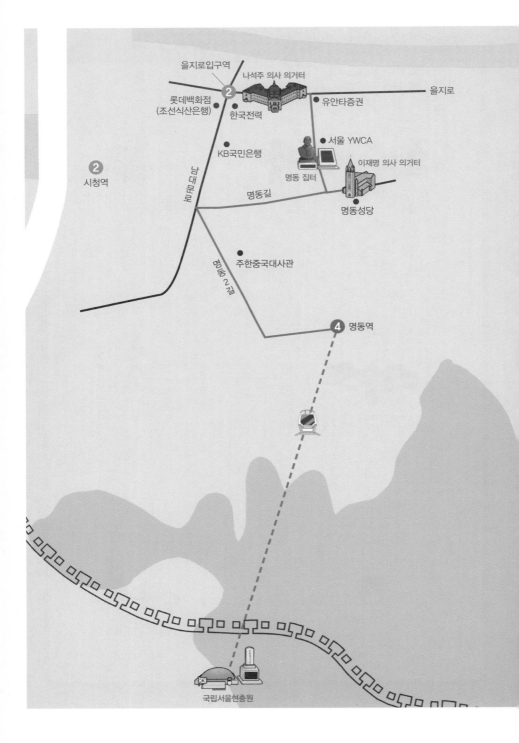

진정한 명문가의 길
명동 집터

주소 서울시 중구 명동 11길 20(명동1가 1-1)
네이버에서는 '이회영 집터', '이회영 흉상'으로 검색 가능하지만,
카카오맵·구글에서는 검색이 안 되므로, '서울 YWCA'로 검색하면
됩니다.

📍 이회영 선생과 형제들이 살았던 곳을 찾아가 볼까요. 2호선 을지로입구역
5번 출구로 나가 명동 11길 KEB하나금융그룹 명동사옥과 유안타증권 사
이로 올라갑니다. 도로 입구 표지판과 전신주들도 눈여겨보세요. 이 길을
따라 서울 YWCA 주차장을 지나면 작은 공원에 이회영 선생 집터 표지석
과 이회영 선생 흉상이 있습니다.

상동교회가 독립운동의 근거지였다면 명동성당은 대한민국 민
주화의 성지였습니다. 뿐만 아니라 120년의 오랜 역사를 담고 있다
는 상징과 순수한 고딕 양식의 건축미 덕분에 지금도 찾는 사람이
많지요. 명동성당에서 멀지 않은 곳에 이회영 선생 집터가 있습니
다. 명동성당 맞은편에는 이 집터를 알리는 표지판도 있지만, 아쉽

| 우당 이회영길 | 뒤쪽으로 명동성당이 보인다.

게도 이회영 선생 집터를 찾는 이는 드뭅니다.

1910년 8월 29일 나라가 강제로 합병당하자 이회영 선생과 형제들은 여러 대에 걸쳐 쌓은 명예와 막대한 재산을 버리기로 결심합니다. 수많은 재산을 비밀리에 서둘러 팔아야 했기에 제값을 받기 어려웠고 미처 팔지 못하고 떠난 땅들도 있었습니다. 이회영 선생 집안이 망명한 뒤 그 땅은 조선총독부 차지가 되었습니다.

1910년 10월 7일 일제는 대한제국이 망하기까지 큰 공을 세운 76명의 조선인들에게 작위와 은사금을 주었습니다. 그들은 나라를 팔아먹고 일본 관광까지 다녀왔습니다. 모두 유력한 가문 출신이었지요. 그들 중 단 여덟 명만이 일제가 준 작위를 거절하거나 반납했습니다.

대원군의 사위 조정구는 작위를 받는 것을 비관하여 자결을 기도하지만 가족의 구원으로 살아납니다. 훗날 이회영 선생의 아들과 조정구의 딸이 혼인을 합니다. 베이징 가난한 살림살이에 눈물짓던 여인이 바로 조정구의 딸이자 대원군의 외손녀, 조계진 여사지요.

이회영 선생 집안의 '노블레스 오블리주' 정신은 광복 후에도 이어집니다. 초대 대통령 이승만은 원래 땅 주인인 초대 부통령 이시영에게 집터를 돌려주겠다고 제안합니다. 그러나 이시영 선생은 끝까지 거절했습니다. 힘든 망명 생활 후 가까스로 살아 돌아온 선생의 굳건한 결단이 놀랍기만 합니다.

2017년 집터가 있었던 서울 YWCA회관에서 이회영 탄생 150주년 기념식이 열렸습니다. 150여 년이 지난 지금에도 이회영 선생을 잊지 못하는 이유는 무엇일까요? 이회영 선생을 비롯한 6형제 모두 독립운동가로 인정받아 훈장을 받았는데 왜 이회영 선생의 기념식만 있을까요? 용기와 결단력을 가진 이회영 선생은 6형제 중 일을 도모하고 추진하는 가장 중요한 역할을 했기 때문이 아닐까요?

답사 가이드

★ 이회영 선생 집터 표지석이 있는 명동11길 남북쪽 입구에는 이 길의 다른 이름 표지판이 함께 걸려 있습니다. 어떤 이름일까요?

매국노에게 칼끝을 겨누다
이재명 의사 의거터

지도 앱에서 이재명 의사 '의거터'는 검색 불가, '명동성당'을 검색해 찾아갑니다.

이회영 선생 집터에서 명동성당 길가로 나가면 지나쳐서는 안 될 의거터 표지석이 있습니다. 1909년 12월 22일, 이완용은 명동성당에서 열린 벨기에 황제 추도식에 참석했다가 인력거를 타고 집으로 향합니다. 이때 군밤 장수로 가장한 22세 청년이 달려들어 인력거꾼을 제압하고 이완용을 칼로 찌릅니다.

어깨와 등이 찔리고 폐가 손상되지만, 매국노 이완용은 살아납니다. 일본인 의사로부터 최고 수준의 치료를 받은 덕분이지요. 반면 이완용을 찌른 청년은 1910년 9월 13일 서대문형무소에서 교수형에

| 이재명 의사 의거터 |

처해집니다. 이 청년이 이재명 의사입니다.

당시 명동성당 출입구는 두 개여서 이재명 의사는 이동수와 함께 의거를 준비합니다. 실패하지 않기 위한 작전이었지요. 이완용이 선택한 길은 이재명 의사가 기다리는 쪽이었습니다. 그런데 인력거꾼이 예상 못 한 악재였습니다. 그는 그냥 인력거꾼이 아니라 유난히 힘이 센, 이완용이 고용한 경호원이었던 것입니다. 하지만 이재명 의사 또한 오랫동안 의거를 준비해 왔기에 인력거꾼을 제압하고 도망가는 이완용을 등 뒤에서 찔렀던 것입니다.

이완용을 처단하고자 나선 노인도 있었습니다. 1919년 9월, 이완용은 3대 조선 총독 사이토 마코토를 맞으러 부산에 내려갔다가 함께 서울역으로 돌아옵니다. 그리고 두 사람이 마차에 오르는 순간 폭탄이 터졌습니다. 하지만 이완용의 목숨 줄이 길었던 것인지 이번에도 불행히 의거는 빗나갑니다. 폭탄을 던진 이는 65세 노인 강우규 선생입니다. 선생은 청년 이재명과 같은 장소, 미루나무가 있는 그곳에서 사형당했습니다.

이완용은 3.1운동을 진정시킨 공로로 후작에 오릅니다. 왕의 인척을 제외하곤 유일한 경우였습니다. 그는 1926년까지 편안한 삶을 살다 죽었습니다. 더군다나 그의 장례에 고종 인산 이후 최대 조문 인파가 몰렸다고 합니다. 일본 천황은 일본 최고 훈장인 국화대수장을 수여했고, 그와 인맥을 맺고 있던 일본의 각계 거물급 인사들도 장례식에 참석했습니다.

| **강우규 선생 동상** | 강우규 선생의 의기가 옛 경성역 역사를 압도하는 듯하다.

하지만 그의 죽음은 분명 조롱거리임이 분명했습니다. 그가 죽은 후 〈동아일보〉에 실렸던 '무슨 낯으로 이 길을 떠나가나'라는 사설의 일부분입니다.

드러난 칼과 보이지 않는 몽둥이가 우박같이 쏟아져도 이내 꿈쩍하지 아니하였거든 (······) 누가 팔지 못할 것을 팔아서 능히 누리지 못할 것을 누린 자냐? 살아서 누린 것이 얼마나 대단하였는지 이제부터 받을 일, 이것이 진실로 기막히지 아니하랴.

〈동아일보〉가 전하는 민심대로 그를 비롯한 친일파들은 천벌을 받았을까요? 해방 후 항일 투사 정이형 선생의 주도로 친일 역사 청산을 위해 '반민족행위처벌법'이 제정됐습니다. 하지만 미군정의 반대로 1948년에야 비로소 '반민족행위특

| **반민특위터** | 이회영 선생의 사돈인 정이형 선생이 주도했던 반민특위는 해방된 조국에서 고사하고 말았다.

별조사위원회'가 출범할 수 있었습니다. 본격적인 활동이 시작되자 친일파들은 반민특위 위원들을 위협하고 반공 세력으로 몰아갑니다.

결국 반민족행위처벌법은 3년 만에 폐지되고 맙니다. 680여 명이 재판을 받았지만 실형을 받은 사람은 10여 명에 불과했습니다. 그마저도 이듬해 모두 풀려났지요. 1999년 민족문제연구소는 친일 청산의 민족적 숙제를 잊지 않고자 해방 후 짧게나마 반민특위가 활동했던 자리에 '반민특위터' 표지석을 세웁니다. 지금의 KB국민은행 명동지점이 바로 그곳입니다.

답사 가이드

⭐ 이재명 의사 의거터 표지석은 눈에 잘 띄지 않습니다. 이재명 의사 얼굴을 알고 있는 사람도 드물겠지요. 이재명 의사 동상이 세워지면 정말 좋을 것 같습니다.

⭐ '이완용에 대해 아는 대로 쓰라.' 1930년대 초, 순사 시험에 나온 문제입니다. 모범 답안은 '이완용은 구한국시대의 총리대신으로 일한병합에 공적이 크며, 병합 후 후작을 받았다.'입니다. 그럼 여러분 역사 시험에 '이완용과 이재명에 대해 아는 대로 쓰라.'는 문제가 나온다면 어떻게 쓸 수 있을까요?

나석주 의사 의거터

주소   서울 중구 을지로2가 181
네이버와 카카오맵에서는 '나석주열사의상'으로 검색됩니다.
구글에서는 검색이 안 되므로 'KEB하나은행 하나금융그룹
명동사옥'으로 검색하기 바랍니다.

📍 실제 답사할 때는 나석주 의사 의거터를 거쳐 명동 집터로 이동할 것을 권
│ 합니다.

1926년 12월, 한 청년이 조선
식산은행에 폭탄을 던지지만 터지
지 않습니다. 이에 청년은 길 건너
동양척식주식회사에 다시 투탄합
니다. 그러나 안타깝게도 또 불발
하고 맙니다. 동척 앞에서 경찰과
대치하던 그는 군중을 향해 외칩
니다.

"우리 2천만 민중아! 나는 2천만 민중의 자유와 행복을 위하여 희생한다. 나는 조국의 자유를 위하여 분투하였다. 2천만 민중아! 분투하여 쉬지 말아라!"

그리고 청년은 권총으로 자결합니다. 나석주 의사의 의거 모습입니다.

1927년 당시 지도를 통해 조선식산은행과 동양척식주식회사 위치를 확인해 봅시다. 지도의 위쪽 중앙에 조선식산은행이 있습니다. 현재의 롯데백화점 본점 자리입니다. 그 오른쪽에 동양척식주식회사 지점이 확인됩니다. 현재의 KEB하나금융그룹 명동사옥 자리지요. 아래 왼쪽으로는 조선은행이 있습니다. 지금의 한국은행 화폐박물관이고요. 그 맞은편은 경성우편국, 지금의 서울중앙우체국 자리입니다.

동척이 있던 자리에 나석주 의사의 의거터 표지석과 동상이 있습니다. 그런데 나석주 의사가 조선식산은행과 동양척식주식회사에 폭탄을 던진 이유는 무엇일까요?

강제 병합 후 일제는 동양척식주식회사를 앞세워 토지조사 사업 명목으로 수많은 농민들의 땅을 빼앗습니다. 이때 협조한 기관이 조선식산은행입니다. 조선 농민들은 굴종하지 않았습니다. 1920년대 치열하게 소작쟁의를 일으킵니다. 특히 나석주 의사의 고향 사람들은 2년여 동안이나 지주와 일제에 맞서 싸웠지요.

이때 김창숙 선생이 톈진에 있는 나석주 의사를 찾아와 추천서

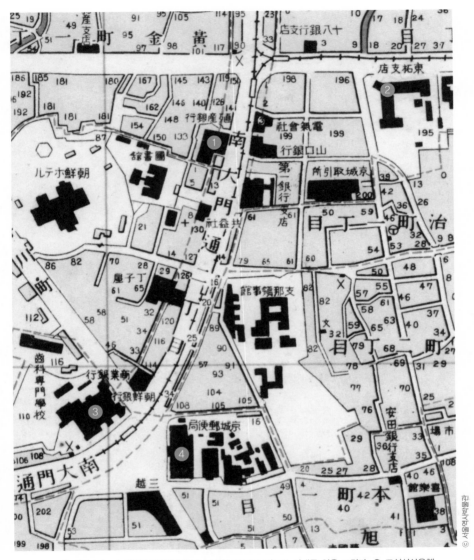

| 경성시가도 | 1927년 조선총독부가 발행한 1:7,500 지도로 사대문 안을 그렸다. ❶ 조선식산은행
❷ 동양척식주식회사 ❸ 조선은행 ❹ 경성우편국

를 내밉니다. 1925년 김창숙 선생은 이회영 선생과 국외 독립운동 기지 건설을 계획하고, 자금 모금을 위해 국내로 잠입했습니다. 하지만 국내 항일 의지는 꺾여 있었고, 모금활동도 어려웠습니다. 베이징으로 돌아온 김창숙 선생은 민중을 일깨우기 위해 조선식산은행과 동척을 응징하기로 방향을 바꿉니다. 김구 선생도 뜻을 모았습니다. 그리고 제자이자 의열단 단원인 나석주 의사를 추천하지요.

1부의 내용처럼 이회영 선생은 나석주 의사 사건으로 두 딸을 고아원에 보내고 아들 이규창과 상하이로 몸을 피합니다. 지금이야 '젊어서 고생은 사서도 한다.'고 무전여행을 떠나기도 하지만 당시에는 목숨이 위태로운 도피였습니다. 이규창은 피곤해서 곯아떨어졌다 새벽녘에 잠이 깨어 별을 바라보면 신세가 처량해 눈물이 났다고 합니다.

나석주 의사와 김구 선생의 이야기 하나를 덧붙입니다. 나석주 의사는 김구 선생의 제자입니다. 김구 선생의 『백범일지』를 보면 나석주 의사에 대한 애틋한 기록이 있습니다. 의거가 일어나기 한 해 전, 나석주 의사가 고기를 사들고 아침 일찍 왔더랍니다. 그러고는 "오늘이 선생님 생신이 아닙니까? 돈은 없고 해서, 의복을 맡기고 돈을 빌려 고기 근이나 좀 사가지고 밥해 먹으러 왔습니다."라고 했지요.

이런 제자를 사지에 보내는 김구 선생의 마음이 어땠을까요. 무기를 건네는 김창숙 선생의 심정 또한 말로 형용할 수 없었겠지요.

| 나석주 의사 동상 |

그런 까닭에 이곳에서는 나석주 의사뿐만 아니라 이회영 선생과 김구 선생, 김창숙 선생을 한꺼번에 만날 수 있습니다.

답사 가이드

⭐ 조선식산은행은 현재의 롯데백화점 본점, 동양척식주식회사
는 KEB하나금융그룹 명동사옥 자리입니다. 두 건물은 사라졌지
만 근처에 일제강점기 건물이 남아 있는 곳이 있습니다. 대한제
국과 합작해 전등과 전차를 설치, 관리했던 한성전기회사가 일제
강점기 당시 경성전기주식회사 전신입니다. 현재의 한국전력공
사 서울사업본부입니다.

잊어선 안 될 영혼들이 모셔진 곳
국립서울현충원

주소	서울시 동작구 현충로 210
개방 시간	연중무휴 06:00~18:00

현충원에서 우리가 돌아볼 곳은 애국지사묘역과 무후선열제단입니다. 일제강점기 독립운동에 투신했던 분들을 모신 애국지사묘역에서 이회영 선생과 아들 이규창 선생을 만날 수 있습니다.

📍 동작역 4호선 4번 출구, 9호선 8번 출구로 나갑니다. 현충원 정문에서 멀리 태극기가 보입니다. 그 위가 애국지사묘역입니다. 정문에서 애국지사묘역까지는 15분 정도 걸립니다. 애국지사묘역 초입 애국정이라는 정자 앞 계단을 오르면 바로 이회영 선생 묘소입니다.

이회영 선생은 결과보다 과정이 중요하고, 목적을 달성하지 못하더라도 목표를 이루기 위해 노력하다가 그 자리에서 죽는다면 이 또한 '행복'이라고 말씀하셨지요. 하지만 모진 고문 끝에 눈도 감지 못하고 순국하신 선생과 평생을 고단하게 살며 세월을 견뎌야 했던

| 이회영 선생과 양세봉 장군 묘소 | 중화인민공화국으로부터 항일 공로를 인정받아 혁명열사증명서를 받은 조선인 항일 투사 두 분이 나란히 잠들어 있다.

가족들을 생각하면 감히 행복이라고 말할 엄두가 나지 않습니다.

그토록 찾고자 했던 조국에 유해도 없이 묻힌 이회영 선생에게 정부는 건국훈장 독립장을 수여했습니다. 중국 정부도 항일 공로를 인정하는 혁명열사증명서를 수여했지요. 중국 정부로부터 혁명열사증명서를 받은 또 한 분의 독립운동가, 양세봉 장군도 이회영 선생 묘소 바로 옆에 잠들어 있습니다. 그러나 참으로 송구하게도 두 곳 다 유해가 없는 빈 무덤입니다.

| 이회영 선생 혁명열사증명서 | '이회영 동지는 1932년 11월, 항일투쟁 중 일제에 의해 장렬히 희생되었기에 혁명 열사로 인정하며, 이 증서를 수여해 그 공을 기린다.' 정도의 뜻이다.

애국지사묘역 바로 위에 무후선열제단이 있습니다. 후손이 없거나 유해마저 없는 분들의 위패를 모신 곳이지요. 이회영 선생과 젊은 날부터 뜻을 함께했던 이상설 선생, 전덕기 목사 위패에 이어 일

| 국립서울현충원 |

| **무후선열제단** | 나석주, 엄순봉, 이재명 의사는 세 분 모두 가정을 이루지 못하고 조국에 몸을 바쳤기에 유족이 없다.

제와 친일파들을 벌벌 떨게 했던 나석주, 엄순봉, 이재명 의사 위패도 이곳에 모셔져 있습니다. 결코 잊어선 안 될 이름들입니다.

답사 가이드

★ 국립서울현충원 애국지사묘역에는 이회영 선생, 선생의 아들 이규창 선생, 사돈인 정이형 선생의 묘소가 모두 있습니다. 대에 걸쳐, 혼맥을 통해서도 독립운동에 헌신했던 명백한 증거이니 꼭 찾아가 봅시다!

★ 정이형 선생의 묘비명을 읽어 보세요. 일본 경찰이 직업이 무엇이냐고 물었더니 'ㅇㅇㅇㅇㅇ'라고 답했다고 합니다.

이회영 선생과 위안스카이의 인연

주한중국대사관

주소 서울 중구 명동2길 27

안중근 의사가 하얼빈에서 이토 히로부미를 처단한 1909년 10월 26일, 중국의 언론인 위유런于右任은 청나라 정부의 통제에도 불구하고 대대적인 보도를 합니다. '조국을 침탈한 원수의 목에 총구를 겨눈 것은 당연하다. 중국인이 본받을 만한 일이다.' 1년 후 안중근 의사를 애도하는 시 한 편이 그에게 도착합니다.

평생 벼르던 일을 오늘에야 끝냈고,

살기를 도모하지 않으니 대장부로다.

삼한 땅에 태어나 만방에 명성을 드높였으니,

백 년 사는 이 없는데 한 번 죽음으로 천 년을 사는구나.

| 위안스카이 | 신해혁명 때 전권을 장악
하고 1913년에 대총통에 취임했다.

이 시를 보낸 사람은 위안스카이입니다. 앞서 말했듯이 그는 이
준 열사에게도 애도의 글을 보냈습니다. 나라가 망하고 중국으로
망명한 후 이회영 선생이 신흥무관학교를 세우기 위해 찾아간 사람
도 위안스카이입니다. 위안스카이는 비서 후밍천胡明臣을 보내 문제
를 해결해 주었지요.

위안스카이와 이회영 선생은 어떤 인연이었을까요? 그 실마리
는 이회영 선생의 아버지 이유승 선생에게서 찾을 수 있습니다. 이
유승 선생은 위안스카이가 한성에 머물 당시 현재의 서울특별시장
에 해당하는 한성판윤을 지낸 적이 있습니다. 한성판윤의 주요 업
무 중 하나는 외국 사신들의 영접, 환송 등을 주관하는 것입니다.

1882년 임오군란 이후 외국인들이 도성 안으로 들어오기 시작

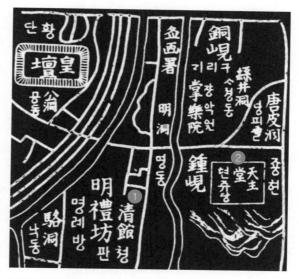

| **게일 지도 중 명동 일대** | 위안스카이가 당시 머물던 청관. 지금의 주한중국대사관과 이회영 선생 집터 바로 앞 명동성당은 아주 가깝다. ❶ 청관=주한중국대사관 ❷ 천주당=명동성당

하자 조선인과 외국인 간의 분쟁, 소송 또한 한성판윤의 업무였지요. 이렇게 명망 높은 자리였으니 젊은 위안스카이가 이회영 선생 집안과 친교를 맺을 만했겠지요. 더군다나 게일 지도에서 볼 수 있듯이 선생의 집과 위안스카이가 머물던 청관, 즉 지금의 주한중국대사관은 아주 가깝습니다.

위안스카이라는 인물에 대한 평가는 압도적으로 부정적입니다. 그는 조선에 머무는 동안 지나친 내정간섭을 일삼아 '조

| 주한중국대사관 |

선국 통감'이라 불릴 정도였습니다. 오만한 행동으로 뒷말도 무성했지요. 그러나 그에 가려진 이면은 꽤 흥미롭습니다.

위안스카이의 기억력은 경이로울 정도였습니다. 한번 만난 사람의 이름은 물론이고 그 사람의 고향, 당시의 상황까지 기억해 냈다고 해요. 그러니 이회영 선생이 찾아갔을 때 단번에 기억했겠지요.

〈타임스〉에 '위안스카이는 이 시대가 낳은 가장 위대한 군사개혁가'라는 기사가 실릴 정도로 이름난 정치가였습니다. 조선에서도 군대를 양성했고, 청나라로 돌아간 뒤에도 가장 먼저 청나라 최초의 근대식 군대인 북양신군을 양성했습니다. 아마도 그는 이회영 선생이 신흥무관학교를 세운다는 말에 공감하며 방향을 조언해 주었을지도 모릅니다.

답사 가이드

★ 이회영 선생 집터에서 주한중국대사관을 찾아가며 이회영 선생과 위안스카이가 어떤 이야기를 나누었을지 상상해 보세요.

★ 위안스카이에 대한 우리나라의 다양한 평가를 찾아보세요. 좋은 평가든 나쁜 평가든 알아보고 여러분은 그를 어떻게 생각하는지 여러분만의 평가를 내려 보세요.

참고 도서

#

이규창, 『운명의 여신』, 클레버
이관직, 『우당 이회영 실기』, 을유문고
이은숙, 『서간도 시종기』, 일조각
이정규, 『우당 이회영 약전』, 을유문고

#

김삼웅, 『이회영 평전』, 책보세
서울역사박물관, 『민국의길 자유의 길』, 한성백제박물관
이덕일, 『이회영과 젊은 그들』, 역사의 아침
이종걸, 『다시 그 경계에 서다』, 옥당

#

H. B. 헐버트 지음, 신복룡 역주, 『대한제국멸망사』, 집문당
김구, 『백범일지』, 돌베개
김명호, 『중국인 이야기 1』, 한길사
        『중국인 이야기 3』, 한길사
김산, 『아리랑』, 동녘
김삼웅, 『보재 이상설 평전』, 채륜
김윤희, 『이완용 평전』, 한겨레출판
김태빈, 『그들을 생각하면 눈물이 난다』, 레드우드
김형민, 『한국사를 지켜라 1』, 푸른역사
박영석 외, 『獨立運動家 列傳』, 한국일보사
박창화, 『省齋 李始榮 小傳』, 을유문화사
배재수裵在秀 외, 『抗日鬪士 李會英』, 中華國際出版社

서중석, 『신흥무관학교와 망명자들』, 역사비평사

신주백, 『청렴결백한 대한민국임시정부의 지킴이 이시영』, 역사공간

이덕일, 『근대를 말하다』, 역사의아침

장세윤, 『양세봉』, 역사공간

정범진, 『백 번 꺾어도 꺾이지 않은 민족의 자존』, 성균관대학교출판부

정정화, 『장강일기』, 학민사

주동욱, 『항일독립운동의 요람, 신흥무관학교』, 삼인

최범산, 『압록강 아리랑』, 달과소

『한성판윤전』, 서울특별시립박물관

허우이제, 장지용 옮김, 『중국의 마지막 황제 원세개』, 지호

허은 구술, 변창애 저, 『아직도 내 귀엔 서간도 바람소리가』, 민족문제연구소

#

가와무라 미나토, 『한양 경성 서울을 걷다』, 다인아트

교수신문, 부산대학교 한국민족문화연구소, 『한국 근현대사 역사의 현장 40』, 휴머니스트

권기봉, 『다시, 서울을 걷다』, 알마

　　　　『서울을 거닐며 사라진 역사를 만나다』, 알마

노성태, 『다시, 독립의 기억을 걷다』, 살림터

노형석, 『한국 근대사의 풍경』, 생각의나무

메리 린리 테일러, 『호박목걸이』, 책과함께

문동석, 『서울이 품은 우리 역사』, 상상박물관

서울특별시사편찬위원회,

　　　　『개항 이후 서울의 근대화와 그 시련(1876~1910)』, 서울특별시사편찬위원회

　　　　『일제 침략 아래서의 서울(1910~1945)』, 서울특별시사편찬위원회

손정목, 『서울 도시계획 이야기 5』, 한울

위례역사문화연구회, 정선영, 『우리 아이 첫 서울 한양도성 여행』, 삼성당

유홍준, 『나의 문화유산답사기 10 서울편 2』, 창비

이만열 외, 『서울抗日獨立運動史』, 서울특별시사편찬위원회

이순우, 『손탁 호텔』, 하늘재

　　　　『정동과 각국 공사관』, 하늘재

　　　　『통감관저, 잊혀진 경술국치의 현장』, 하늘재

이장희, 『서울의 시간을 그리다』, 문학동네
이현군, 『옛 지도를 들고 서울을 걷다』, 청어람미디어
전국역사교사모임, 『살아있는 한국사 교과서』, 휴머니스트
전우용, 『우리 역사는 깊다 2』, 푸른역사
정운현, 『서울시내 일제유산답사기』, 한울
정재정 외, 『서울 근현대 역사기행』, 혜안

우당 이회영
한번의 죽음으로 천 년을 살다

초판 1쇄 발행 2018년 12월 22일
　　4쇄 발행 2021년 5월 30일

지은이 김태빈, 전희경
발행인 이선애

편　　집 박지선
크로스 교정 김동욱
디자인 디자인 잔
일러스트 이지은
발행처 도서출판 레드우드
출판신고 2014년 07월 10일(제25100-2019-000033호)
주소 서울시 구로구 항동로 72, 하버라인 402동 901호
전화 070-8804-1030　**팩스** 0504-493-4078
이메일 redwoods88@naver.com
블로그 blog.naver.com/redwoods88

값은 뒤표지에 있습니다.
ISBN 979-11-87705-12-3 03910